いい人がお金に困らない

仮想通貨

― 新時代のルール ―

株式会社オウケイウェイヴ
代表取締役社長
松田 元 MATSUDA,Gen

はじめに
仮想通貨は、将来の人類が多大な恩恵を受けることになる革命的発明

この高度資本主義経済社会の中で、良くも悪くも、資本の「蜜」を吸い、資本の「毒」を食らった僕だからこそ語れる、新しい時代の話があります。

あなたは、「ビットコイン」や「仮想通貨」のことを、どれほど知っているでしょうか。

「ビットコインで、誰がいくら儲かったらしい」といった、一種の「儲け話」としての関心なら、あるかもしれませんね。

現在、ビットコインなどの仮想通貨は、まともに通貨として使われていません。投機商品でしかないのです。ただ単に、日本円を両替したビットコインのチャートを見ながら、「上がった」「下がった」と一喜一憂されている扱いです。

もっとも、投機がきっかけであろうと、仮想通貨の知名度が上がり、世間に広

まっていくことは、決して悪いことではありません。

これから、仮想通貨は投機目的だけでなく、本来の通貨としての役割を果たすようになります。つまり、決済や送金などの目的で使われていくようになります。この流れは止まりません。

これだけだと「仮想通貨は、電子マネーとどう違うのか」と、疑問に思う人もいることでしょう。電子マネーと似たようなものだと捉えている限り、仮想通貨の凄さは感じ取れないかもしれません。

じつは、これは将来の人類が多大な恩恵を受けることになる、革命的というべき発明なのです。その潜在能力があまりにも巨大なので、理解が追いつかないとしても、現段階では無理もありません。

なぜなら、**仮想通貨は本質的な意味で、通貨ではないからです。**

仮想通貨の正体は「ブロックチェーン」です。ブロックチェーンとは、簡単に説明すると「勝手な書き換えができないデジタルデータ」です。

今まで、デジタルデータはいくらでも書き換えできるから便利だとされてきたのですが、改ざんできないデータが社会で普及することにより、別次元の利便性が立ち上がってくるものだと考えています。

今まで、インターネットやスマートフォンが、人々の暮らしを大きく変えてきました。ブロックチェーンも近い将来、ＡＩ（人工知能）などの新技術とともに、人々の暮らしを新たな形へ変えていくことになります。ただ、その変化の大きさはインターネットの比ではありません。

間違いなく、人の価値観や生き方まで塗り替えることになるでしょう。

いえ、大したことはありません。ブロックチェーンの普及によって、仕事をしなくても**「善人ならばお金が入ってくる世の中」**になる。

それだけのことですね。

松田　元

目次

第二章 「新資本主義」が始まる！

第三章 ブロックチェーン経済圏がつくりだす、善意のマーケット

最終章 世界に向けて広めていきたい！ 日本発信トークンエコノミーのシステムと精神

第一章

改ざん不可能な公的データ ブロックチェーンによる「破壊と創造」

仮想通貨、それはバブルか、本物か

ビットコインは今までに二度、世間で大きな話題になりました。

一度目は、二〇一四年に仮想通貨取引所の「マウントゴックス（Mt.Gox）」代表が、ビットコインを業務上横領したとして訴追された事件です。マウントゴックスは破産宣告を余儀なくされた一方、被告人は一貫して無罪を主張し、二〇一八年七月現在も裁判は東京地方裁判所で続いています。

二度目は二〇一七年です。この年に仮想通貨の相場は大きく飛躍しました。二〇一七年のはじめに一BTC＝一〇万円前後だったビットコインが、その年の暮れには一BTC＝二〇〇万円を超えました。

一年間に二〇倍以上の価格が付いたのですが、**リップル**や**NEM**（ネム）、**モナコイン**など、二〇倍超も暴騰した仮想通貨（ビットコイン以外の仮想通貨をアルトコインという）もあります。

とはいえ、順調に上がっていったのではなく、途中で何回かの暴落がありました。

そして、二〇一八年に入ってから、仮想通貨は全般的に大きく値を下げています。一月に起きた、仮想通貨取引所「コインチェック」からのＮＥＭ大量流出事件では、約五八〇億円ぶんもの仮想通貨があっという間になくなりました。

しかも、犯人は見つからないし、盗まれたＮＥＭは戻ってこないしで、訴訟騒ぎになっています。

仮想通貨の社会的信用が大きく損なわれるきっかけとなった事件であることは間違いありません。

確かに、ビットコインをはじめとする仮想通貨が、二〇一七年に見せた高騰は「バブル」で、二〇一八年の暴落は「バブル崩壊」だったとみることもできるでしょう。

ただ、投資家のひとりとして言わせてもらうなら、これほど「ビットコイン」「仮想通貨」という言葉が世間の隅々まで広まっていて、知名度のある金融商品が、バブルが崩壊したまま終わることなど、考えにくいのです。

法定通貨の規模に比べればずっと小さいとはいえ、仮想通貨の市場は数十兆円規模の時価総額があります。これほど価値が膨張していれば、ある条件の下で、大きくなったり小さくなったりしながら、必ず社会に根付いていきます。

その条件とは、仮想通貨の「普及」です。

仮想通貨は、投資から「普段使い」へ

投資家たちが投資目的で買うのでなく、「実需」すなわち実際に決済目的などで普段使いすること、つまり、仮想通貨の具体的な需要が増えていけば、必ず買い支えられるようになります。

仮想通貨には、従来の通貨にはない「機能」を組みこむことができます。代表的な機能として、ビットコインに次ぐ時価総額を誇る仮想通貨、**イーサリアム**が搭載している**「スマートコントラクト」**です。

仮想通貨の特徴は？

- 硬貨や紙幣と異なり実体がない
- 「決済」、「送金」、「投資」、「資金調達」が可能
- 価格は市場参加者の需給で決まる
- 中央銀行などの発行主体が存在しない
- 通貨発行量の上限が決まっている　…など

スマートコントラクト（Smart Contract）は、直訳すると**「賢い契約」で、事前に定めた一定の条件を満たした時、契約内容を自動的に執行する機能**を意味します。

たとえば、AさんがBさんに期限つきでイーサリアムを貸した時、期限が来たら、イーサリアムが利息込みで、Bさんの口座からAさんの口座へ自動的に送金が可能になります。

イーサリアムのスマートコントラクトは、**複雑な購入条件が絡む医薬品や乗用車、不動産賃貸などの契約を、大幅に簡便化させるもの**と期待

されています。また、**保険や不動産登記などにも応用**できます。通貨という既存の枠さえ軽々と飛び越える画期的な機能で、将来的には莫大な実需を生むポテンシャルを秘めています。

もっとも、本格的に仮想通貨が普及して、日常生活の中で人々が当たり前に使うようになった時、通貨の主流になっているのは、おそらくビットコインでもなく、イーサリアムでもＮＥＭでもない、また別の「何か」でしょう。

もちろん、これまでは投機的な熱で「儲かるから」という理由で、一気に時価総額が膨れあがって仮想通貨の市場が成長してきたことは事実です。

その成長プロセスで、人々に「投機」という参加動機があったのは重要なポイントでした。

しかし、**これからの仮想通貨は「実需」で買われなければなりません**。通貨として実際に使われることが急がれなければなりません。

そこら中の人が気軽に仮想通貨を使うようになれば、時価総額や取引量が一気に増加し、現在の法定通貨の為替相場のように、価格も次第に安定してくるでしょう。

今の仮想通貨市場は、法定通貨市場の数百分の一ほどの規模しかありません。そのために、一部の大口投資家の思惑によって、数百億円ほどが市場に入ったり出たりしただけで、価格が大きく変動してしまうのです。

資本を持っている者へ、さらに大きな資本が集中してしまう。持たない者は、労働力と時間を奪われ、ますます疲弊してしまう。

仮想通貨という画期的なツールができたにもかかわらず、従来と同じ矛盾が今だに繰り返されています。

仮想通貨は、できるだけ多くの人々が、幸せになれるツールにならなければ、存在価値はありません。

ビットコインの登場は「ブロックチェーンの発明」でもあった

ビットコインを発案したのは、「ナカモトサトシ」という正体不明の日本人です。二〇〇八年にたった九ページの論文をインターネット上に発表し、二〇一〇年から実際にアメリカで使われ始めました。

最初はピザ二枚がビットコイン一万ＢＴＣと交換されたことで知られています。二〇一八年現在、ビットコインは発行上限の二一〇〇万ＢＴＣのうち、すでに約一七〇〇万ＢＴＣが発行されていて、一ＢＴＣあたり数十万円で取引されています。この時ビットコインを受け取ったピザ屋がそのまま保有していれば、今ごろ本業以外で莫大な利益を得ているでしょう。

はじめの段階では、プログラマーなどＩＴ界隈の人々の間で、物珍しさから取引されていました。やがて、ジンバブエやキプロス、ギリシアなど通貨危機に陥っていた国々で、母国の通貨を信じられなくなり、自らの資産を守るためにビットコインを購入する人々が増え、そのたびにビットコインの価格は急騰したのです。

すると、それに目を付けた投資家が、新たな投機商品としてビットコインを購入するようになりました。ビットコインの取引所もできましたが、前述のように二〇一四年には当時最大級だった取引所「マウントゴックス」で、ビットコインの大量消失事件が発生し、代表者が業務上横領の疑いで検挙されました（本人は無罪を主張）。

確かに、ビットコインは画期的な「電子のお金」ですが、ただ、電子通貨の構想や実用化は、それ以前から行われていました。プリペイドカードやＩＣチップも、一種の電子通貨といえます。

ビットコインはいったい何が画期的だったのかといえば、次の二点の特徴を備えていたからです。

・**中央で管理や運営をする者（企業）が必要ない**
・**それなのに、取引データの改ざんができない**

つまり、ビットコインの正体は、**「特定の管理者がいないにもかかわらず、不正な操作ができないデジタルデータ」**なのです。ビットコインの取引データは、世界中の多くの端末において自動的に同じものが分散的に保存されています。

そのため、一部のデータを改ざんしても、他の端末に保存された記録と照合すればすぐに発覚するのです。

これを不正に改ざんするには、暗号化された取引データが保存されている、すべての端末へ同時に侵入してハッキングを実行しなければなりません。しかし、それは事実上不可能とされています。

この非中央集権型のセキュリティシステムは、いつしか**「ブロックチェーン」**と呼ばれるようになりました。暗号化されたひとまとまりのデータが「ブロック」として保存され、過去のブロックとともに「チェーン」のように履歴が繋がれていくからです。

このブロックチェーンの史上初の応用例が、たまたまビットコインというデジタル通貨だったといえるのです。僕は**ビットコインよりもブロックチェーンのほうが、人類にとって重要な発明である**と確信しています。

それこそ、コンピュータやインターネットに匹敵するほど、世の中を大きく変える発明です。

コンピュータやインターネットが発明されて一〇年ほど経った程度の段階では、何が凄くてどのように生活が変わるのか、人々はとても理解できなかったはずです。今のブロックチェーンも、ちょうどそのような段階だといえます。

この凄いブロックチェーンで何ができるか

ブロックチェーンは、現代の「オーパーツ」（謎の人工物とでもいえるもの）

で、ルーツが判然としない世界の七不思議のひとつだと思っています。

僕は「ナカモトサトシ」も、たまたま地球に降り立って、別の文明からブロックチェーンを持ちこんだ宇宙人なんじゃないかと勘ぐっているほどで、誰がブロックチェーンを考案したのかは、いまだに謎のままなのです。

それぐらい画期的なシステムなのですが、近ごろでは、ネットや雑誌の記事などで「ブロックチェーン」という言葉ばかりが独り歩きしている印象もあります。

しかし、実際にブロックチェーンを使って、「非中央集権」「改ざん不能データ」といった利点を活かして、本格的に事業を興そうとしているところは、まだ少ないのが現状です。

アプリケーションの中にブロックチェーンを組みこんではいるものの、「特定の企業が管理している」「改ざんされても問題ないデータである」などで、ブロックチェーンを使う必然性に欠けたものが目立ちます。

「ブロックチェーン」は、単なる目新しい売り文句としてのみ消費されるべきではありません。**従来のインターネット技術によって解決できなかった課題や、実**

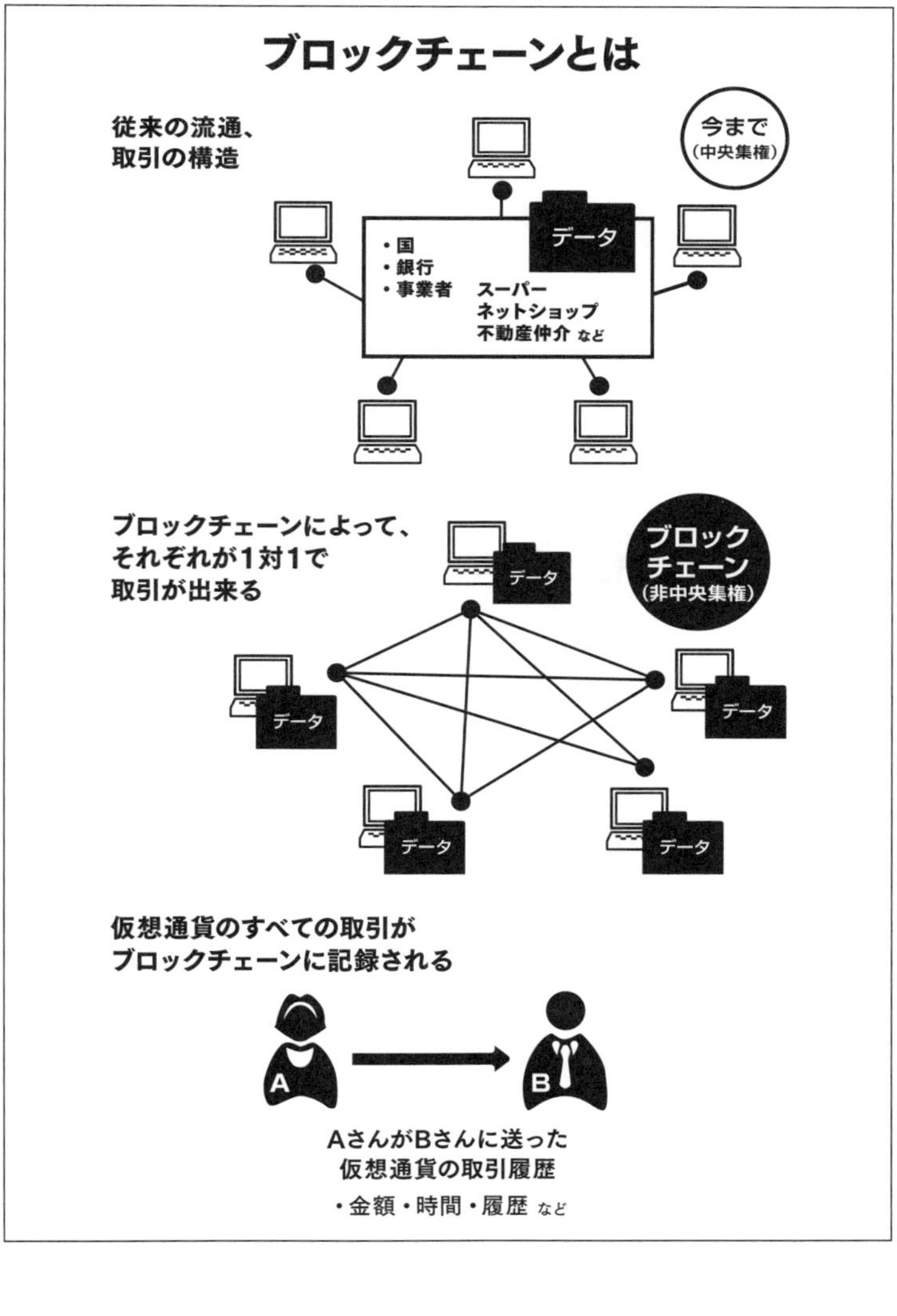
ブロックチェーンとは
従来の流通、
取引の構造
今まで
(中央集権)
データ
・国
・銀行
・事業者
スーパー
ネットショップ
不動産仲介 など
ブロックチェーンによって、
それぞれが1対1で
取引が出来る
ブロック
チェーン
(非中央集権)
データ
データ
データ
データ
データ
仮想通貨のすべての取引が
ブロックチェーンに記録される
A
B
AさんがBさんに送った
仮想通貨の取引履歴
・金額・時間・履歴 など

現できなかった娯楽を、ブロックチェーンによって実現させるべきなのです。

まずは、ブロックチェーンで何ができるのか、どのような影響を社会に与えるのかを、実際の商品やサービス、ユースケース（新たなシステムが動き出すことによって、私たちは何をできるようになるのか）で示していく必要があります。好影響も悪影響も引っくるめて、ブロックチェーンをみんなが理解し、身近に感じる段階をそろそろ踏む必要があります。

ブロックチェーンの凄さが世間で理解されるには、ブロックチェーンを使った商品、サービスが普及し、ユースケースが実践的に知られていくことが大切です。**ブロックチェーンを応用したサービスによって、新しい利便性や楽しさ、感動などが広まっていけば、ブロックチェーンそのものの認知や、使い道に対する理解も、おのずと広まっていくと考えています。**

今までの革新的な技術と同様、ブロックチェーンの普及や理解は、時間が解決するはずです。将来的に、いずれは普及していくとしても、できるだけ早期にブロックチェーン事業に着手することが求められています。

ふと気づいたら隣りにいる存在となるブロックチェーン

仮想通貨に対してポジティブな意識がある日本政府ですら、ＩＣＯ（新規仮想通貨公開・後述します）事業に対しては警戒を強めています。

警戒するのは結構なのですが、関連法案を国会に通す手続きが遅すぎます。三年ぐらいかけているのですが、その間にもブロックチェーン技術は格段に進化し、次々と事業化が進んでいます。

ＡＩ（人工知能）やＩｏＴ（身の回りのあらゆるモノがインターネットにつながる仕組みのこと）のように、目で見て五感で感じられやすい技術は政治家にも注目されがちで、予算も人員も投入されやすいのです。

これらに比べればブロックチェーンは地味な存在かもしれません。現時点のブロックチェーンは、コンピュータが将棋で人間と勝負したり、冷蔵庫が自動的に食材を注文したりするなどといった、わかりやすくインパクトのある動きを実行できないからです。

しかし確実に進化し、人類の将来を根本からひっくり返す潜在能力を蓄え続けています。ブロックチェーンの進化に、法律が完全に置いていかれているのです。


最初、インターネットもあまりにも革命的すぎて、普通の人にとっては何が何だかわからないものでした。もともとは軍事用の通信技術として開発されたはずですが、それが民生用として世間に持ちこまれたからといって、使い方がわからず、持てあまして敬遠するばかりだったのです。

インターネットが「どうやら凄そうだ」と世間に認知され始めたのは、一九九五年にマイクロソフトの「ウィンドウズ95」が発売されて以降です。

一般の人もインターネットプロバイダを契約できるようになり、データ通信が使い放題とされることで、パソコンを使ったインターネット通信環境が整い始めた頃です。

その後、多数のホームページを整理して紹介するYahoo!や、画期的な検索エンジンを開発したGoogleができて、そこから「調べたいことを瞬時に知ることができる」ことや「世界中の人々へ向けて、個人が情報発信できる」ことなど、凄い使い道があると、ようやく知られるようになったわけです。

さらに、インターネット上にホームページをつくろうとする時、二〇～三〇年以上前であれば、ＨＴＭＬ言語（Webページを作る時に使われる言語）を理解して書き込めるように勉強したり、サーバーやドメインを取得するために英語で書かれた説明文を読んだりしなければなりませんでした。

それなりにハードルが高かったのですが、世界中に情報発信ができるのだから、それにふさわしい知識や技術を身につけていなければならないと、みんな納得していたのです。

しかし、「ブログ」が登場することによって、一般の人でも情報発信が簡単にできるようになりました。スマートフォンやＳＮＳの発達、通信速度の向上などによって、写真や動画も手軽に世界へ向けて公開できるようになったのです。

それと同じ流れが、仮想通貨、ひいてはブロックチェーンで起きようとしています。現在はエンジニアの業者に依頼するか、共同で事業として立ち上げるなどしなければ、一般の人にとって独自の仮想通貨を発行することは難しいでしょう。**しかし、いずれブログやＳＮＳと同じくらいの手軽さで、自分だけの通貨「トークン」を発行できる時代がくるはずです。**

インターネットがいつの間にか、水道や電話と同じような生活インフラのひとつとなり、日常の暮らしに溶け込んでいるように、ブロックチェーンの世界もふと気づいたら、僕たちの暮らしの隣りにいる存在になります。

ブロックチェーンに関する技術は、全員が正確に持っている必要はないのかもしれません。僕自身もＩＴの世界でビジネスを起こしていますが、どういうロジックでブロックチェーンが動いているのか、すべての仕組みを理解しているわけではありません。

インターネットでも自動車でも医薬品でも、一般の利用者には知られていないブラックボックスの部分があります。しかし、ブラックボックスの中身を知らない不確実のリスクよりも、はるかに上回る利便性や有用性が確認されれば、みんな抵抗なく使うものなのです。

改ざんできないから「食の安全」も実現できる

たとえば、ブロックチェーンを使えば、商品の原産地を偽ることができなくなります。販売されている食材などの原産地や生産者をさかのぼり、辿っていけることを「**トレーサビリティ**」といいます。

もし、生産や流通の過程をブロックチェーンで管理していれば、トレーサビリティに耐改ざん性を持たせることができます。つまり、原産地や生産者について、嘘をついたり、ごまかしたりできなくなるのです。

あるウナギが、「国産」と銘打って、非常に高価で売られているとします。しかし、実際には海外から非常に安く仕入れ、業者はお客さんを騙して不正な利益をあげていることもありえます。こうした業者を、根本から絶つことができます。

ウナギを一匹ずつ識別できる装置を使って、どのルートで輸送され、どの工場で加工されたか、そのすべてのデータをコンピュータ上で一元的に管理していれば、「産地偽装」という不正を、システムの力によって防ぐことができます。

さらに、**そうしたトレーサビリティに関するデータを、ブロックチェーンで管理すれば、誰かが都合のいい虚偽のデータに書き換えることもできなくなります。**

関連して、**そのブロックチェーンに基づき、独自のICOトークンを発行し、このトレーサビリティ管理事業を行う企業が資金を調達できます。**

また、**トレーサビリティに関連する企業の相互間で、請求や決済をトークン建てで行うこともできる**でしょう。

加工業者が生産者から商品を仕入れる時、商品を流通業者に運搬してもらう時、小売業者が加工業者に商品を発注する時、トークンで決済し、循環していくエコシステムができあがります。統一されたトークンで決済されることにより、いつ、誰が誰からいくらで購入したのかが、ブロックチェーンに自動的に記録されることになります。

もし、円建てよりも、トークン建てのほうで割引価格などが適用されるなら、トークンの利用も徐々に増えていくでしょう。

ブロックチェーンで多種多様な結婚が認められるようになる

これからの結婚は、ブロックチェーンの恩恵により、もっと自由なものになるでしょう。

結婚も契約の一種です。ブロックチェーンには、スマートコントラクト（賢い契約）で結婚に関する具体的な内容や違反のペナルティなどを書き込んで、条件を満たせば自動的に執行させられる機能があります。

つまり、今までのように民法で定められ、パターンが統一された法律婚に縛られる必要性にも、疑問符が付きます。

結婚制度の主な目的は、財産権の保護です。結婚生活の中で築き上げた財産は共有となり、離婚する時には財産分与によってその後の生活を保障する。それと、男性と女性のペアに限定し、一夫一婦制を敷いて、お互いに貞操義務を課しています。

しかし、何も特定のパターンに縛られる必要はありません。日本国憲法二四条に「婚姻は、両性の合意のみに基づいて成立」すると書いてあるように、結婚は当事者同士の問題なのです。ひとつの制度に引っ張られず、ふたりが納得していれば、本来はどんな内容でも柔軟に取り決めて構わないはずです。

一夫多妻も、多夫多妻も、同性婚も自由に結んでいいのです。経済的に厳しかったら、二人の男性と一人の女性が同居し、共同で子どもたちを育ててもいいでしょう。そういう家庭の姿に共感が集まれば、たくさんのトークンが贈られて、経済的にも楽になります。

離婚する際は、スマートコントラクトが発動し、仮想通貨による財産分与も自動的に行われるようになるでしょう。また、子育て中の夫婦が離婚する時、最終決定権は子どもにあると定めることもできます。

現在は当事者は納得して別れても、子どもはその決断に振り回されてしまいます。離婚後はほとんどの場合、女性のほうに親権が認められます。親権がほしい男性の主張は、裁判所でほとんど通らず、あまりにも型どおりの処理がまかり通っています。

しかし離婚後、どちらに親権を渡すのかも、自分たちで決めていいのです。離婚後の共同親権も認められていいはずです。

ブロックチェーンによって、自分たちで、家族の形を自由に作れるのです。いろいろな形態の夫婦があって、いいじゃありませんか。ＬＧＢＴ（同性愛者）の権利が盛んに叫ばれるようになり、かつてほど、同性愛が偏見の目にさらされることも減りました。東京都渋谷区では法律婚と同様の権利を同性カップルに認めるパートナーシップ条例も制定されています。

ブロックチェーンを事業化する意義

現代の社会構造では、国家や大企業に、権力や富が集中しすぎています。社会の構成員のうち、一部の人ばかりが力を独占し、その力に多くの人々はただ従属させられ、バランスを欠いた状態になっているのです。
Google や Amazon、Facebook や Twitter などのＩＴ系巨大企業が、富だけでなく利用者の基本情報や個人的な興味・関心まで独占し、それらの個人情報を個別仕様の広告表示に活用することで、さらなる莫大な富を築き上げています。

オークションやフリーマーケットのような、個人売買のオンラインサービスは、従来であれば特定の運営企業が取引に介在していました。たとえば、「買い手が商品を確実に受け取るまで、買い手が支払った代金は売り手に渡さず、企業が預かっておく」という運用がなされています。これを「**エスクロー**」と呼びますが、このサービスは、企業が預かり金を着服して行方をくらます危険性がないと信頼できることが前提です。運営企業に主導権がある限り、エスクローで不正が起きる危険性は、決してゼロではありません。

このような権力の偏在現象を、仮に社会の「中央集権化（Centralize）」と呼ぶとするなら、**ブロックチェーンは将来の社会を「非中央集権化（Decentralize）」させるための最も有望な技術です。人類全体のパワーバランスを、本来あるべき姿にまで回復させるための偉大な推進力となる**のです。

ブロックチェーン技術を応用させた新ビジネスは、人類一人ひとりが本来持っているはずの自己決定権を、確実に自分の手元へ取り戻させ、さまざまな権利を自由に行使しながら、それぞれの人生を充実させることができます。現在だけでなく将来の人類にも貢献する、スケールの大きな事業となりうるのです。

ブロックチェーンをビジネスに応用する方法

ブロックチェーン技術を組みこんだ、次世代型のＰＣソフトやスマホアプリのことを、「**Dapps（ダップス）**」と呼びます。Decentralized Applications の略で、日本語では「**分散型アプリ**」や「**非中央集権アプリ**」と訳されます。

Dappsのブロックチェーンを支配し、自由自在にコントロールできる事業体は存在しません。もし、Dappsで非中央集権の新たなSNSプラットフォームを構築すれば、**ブロックチェーン上にユーザーの個人情報が大量に記録されたとしても、多数のユーザーの総意が取れない限り、一部の者が他者の個人情報を流用して勝手に儲けることはできません。**

また、Dappsならば、個人間の売買にエスクローサービスが必要なくなります。間に企業が介在しなくても、ブロックチェーンのスマートコントラクトによって、エスクローは自動的に無人で処理できるためです。

ブロックチェーンを応用し、次の条件をすべて満たすアプリが、**「完全型のDapps」**と定義されます。

- **トークンを利用して、価値の交換や報酬の支払いが行われている。**
- **改善のためには、特定の中心人物の決定だけでは実行できず、ユーザーの総意（コンセンサス）が必要である。**

・中央のコントロール主体を持たず、自由に利用や頒布ができるオープンソースである。

勘のいい方は、すでにお気づきかと思いますが、ビットコインなどの仮想通貨もDappsの実例のひとつです。

ただし、アプリとブロックチェーンを連携させてDappsを立ち上げるには、ブロックチェーン技術の本質を理解し、Dappsに対応できるプログラミング技術を習得したSE（システムエンジニア）の協力が必要となります。

起業家は、自身でプログラミングを組めるわけではないのなら、自由自在にDappsを制作する技術を持つSEの力を借りる必要があるでしょう。

単に技術力があるだけでなく、起業家の考えを正確に受け止めてアプリの中に反映させるだけの、十分な理解力やコミュニケーション能力も求められます。

つまり、Dappsの企画を適切に現実化させられるSEの候補者は、相当に限定されると考えられます。

そして、**Dapps 事業の立ち上げに必要な初期費用は、ICOトークンを発行して世界中から調達することになります。**世界の投資家にアピールし、ユーザーを増やすためには、企画書に該当するホワイトペーパーやアプリの説明文などを多言語に翻訳する必要があります。よって、さまざまな言語と日本語の関係を理解している翻訳家たちの力を借りる必要が出てきます。

ただ、それ以外の場面では、従来型のアプリ開発と共通する部分が多くなります。Dapps で最も重要なのは、資本力や技術力を超えて、そのアプリでブロックチェーンを使わなければならない「必然性」です。

現代社会のどのような課題をブロックチェーンで解決したいのか、そして、本当に解決が可能なのかを、論理的に根拠立てながら、説得力を伴う形でホワイトペーパーに記載しなければなりません。つまり、起業家自身の「企画力」こそが、最後に物を言うのです。

もし、一般的なゲームアプリなど、中央集権型で特に問題ないものをDapps化しようとしても、中身のない単なる話題作りと見なされ、かえって共感を得られにくくなると考えられます。

次世代のブロックチェーンのユースケース「ICO」に注目

ブロックチェーンの具体的な使い方、すなわち「ユースケース」をどのように世間に定着させていくかが、これから最も重要となります。

今まで、ブロックチェーンという画期的なシステムの使い道が、ほぼ「通貨」しかなかったのです。確かに、通貨の取引内容が遠隔操作で改ざんされては経済活動が混乱しますし、取引内容を特定の機関が管理しておらず、その機関の社会的信頼性に依存しないことから、「自国の通貨が信用できない」などの悩みからは解放されます。

通貨という使い道は、ブロックチェーンの利点をよく活かせるため、「ナカモトサトシ」は、いい選択をしたのだと思います。

というよりも、真に信頼できるデジタル通貨をつくるためには、ブロックチェーンというシステムを組みこまなければ成立してなかったのでしょう。

僕は、次代のブロックチェーンユースケースに注目しています。

それは「**ICO**」です。

ICOはInitial Coin Offeringの略で、「**新規仮想通貨公開**」と訳されます。従来の新規株式公開（IPO）によく似ていて、ベンチャー企業が新たに立ち上げた本格的な事業のために、投資家から資金を調達する時、自社発行の株式を上場させればIPOですが、自社発行の仮想通貨を上場させれば、ICOと呼ぶのです。

ICOでは、株式の代わりに仮想通貨を発行します。なぜ、そのようなことをするのでしょうか。

ひとつは、**資金調達を容易にするため**です。株式を新規に上場させることでも、

ICOで資金調達をおこなう方法

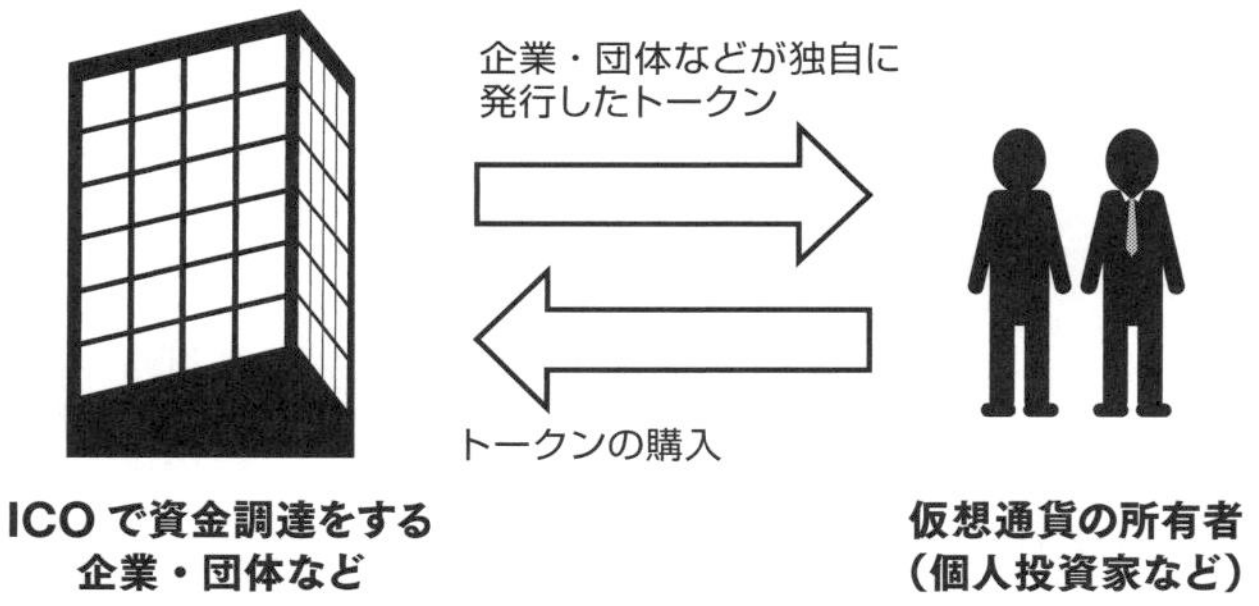

仮想通貨で独自に発行したトークンを購入してもらい、資金調達を行う

世界中の投資家から注目されて、資金が集まりますが、上場には厳しい条件が課せられますので、IPOが可能なのは、ごく限られた企業のみです。

また、会社法や金融商品取引法など、株式の発行や管理には厳しい規制があります。

一方でICOでは、株式ではなく**ICOトークン（コイン）**という仮想通貨を発行します。株式のような具体的な法規制はできていないために、発行にあたっての自由度が高い点が特徴です。

また、仮想通貨取引所にＩＣＯトークンを上場させるのも、ＩＰＯほど審査が厳しくありません。**会社単位でなく、プロジェクト単位で資金を調達するため、会社の規模や成長性、知名度などよりも、プロジェクトそのものの魅力や共感性、将来性などが重視されます。**

ＩＣＯ（新規仮想通貨公開）はＩＰＯ（新規株式公開）とこんなに違う

株式は、会社に対する所有権や発言権、支配権などを細分化し、有価証券化したものです。よって、多く発行すればするほど、多くの株主の要求や反対意見にも耳を傾けなければなりませんし、経営者の会社支配権が薄まってしまいます。利益が出たら配当も出さなければなりません。もし、株式を独占的に買い占める企業があれば、問答無用で子会社化されてしまうおそれが出てきます。最初から会社をバイアウトさせる目的であれば、上場しないという選択肢が有効です。

しかし、**ＩＣＯトークンは株式とは異なり、会社支配権とはまったく関係ありませんので**、数多くのトークンを発行しても経営陣の体制には影響しません。投資家に配当を出す法的義務もありません。

その代わり、プロジェクトの成果物や参加権などをもらえたり、プロジェクト自体が人気や注目を集めるなどして、**多くの投資家がＩＣＯトークンを買い求めるようになると、そのトークンの価値が上がり、価格差でキャピタルゲイン（資産売却によって得る売買差益）を得られます。**

むしろ、トークンの保有者には一般的にキャピタルゲインの権利ぐらいしかありません。資金調達をするベンチャー企業にとっては、経済的負担が少なくて済む利点もあります。

また、**ＩＣＯトークンはその発行企業の信用で、通貨として流通させることもできます。**株式は売買することならできても、決済手段ではありません。商品やサービスを購入する対価として、株式で支払うことは、通常できません。

しかし、ＩＣＯトークンは仮想通貨でもあるので、問題なく可能になるのです。

つまり、**これからの通貨は、国家だけでなく、企業が独自に発行することもできるようになります。**

今はさすがに、一般の人が通貨として使う目的でトークンを取得するケースは稀でしょう。ただ、たとえ投資目的だとしても、ＩＣＯを立ち上げている企業の具体的なプロジェクトの理念や思想に共感している人が、応援の気持ちを示す意味でトークンを購入しているのです。

そこには、手っ取り早い儲け話として、ビットコインが売り買いされてきたのとは異なる風景が広がっているように思います。

第二章

「新資本主義」が始まる！

僕たちはICO支援事業を立ち上げる

僕はもともと、株式会社OKWAVE（オウケイウェイヴ）の運営にかかわってきました。

株式会社OKWAVE（オウケイウェイヴ）は現会長兼元謙任が一九九九年（平成一一年）に設立したユーザー同士がQ＆Aで問題解決して助け合う、日本初、最大級のQ＆Aサイトを運営しています。

OKWAVEの「O」は「教えて」(oshiete)、「K」は「答える」(kotaeru)で、「教えて質問」と「答える回答」を仲介しています。

「互い助け合いの場の創造」を通して物心両面の幸福を実現し、世界の発展に寄与することを理念にした会社です。

このOKWAVEは、現在、ICO支援やブロックチェーンの事業化に取り組んでいるシンガポールのＩＴ企業Wowoo（ワオー）と、協業パートナーの関係を結んでいます。OKWAVEは子会社を通してWowooに出資して、株式を一部譲り受けることを条件に、人的支援・事業開発の支援を行っている状態です。

もちろん、OKWAVEが自分たちの力だけで、ゼロからＩＣＯ事業を創ることもできたでしょう。しかし、世界に目を向けて、すでに先行してブロックチェーンを事業化しようとしている会社があるのなら、お互いの強みを出し合いながら、よりよいサービスやユースケースをともに創っていったほうが早い。そう考えて、協業することとなりました。

Wowooはすでに、ＩＣＯを計画している企業に対して相談に乗るコンサルティングを行っていました。これからの時代は、ベンチャー企業を中心に、ＩＣＯで資金調達を希望する件数も増えていくに違いありません。

そこで、コンサルティングだけでなく、ＩＣＯトークンの購入者を募集したり、トークンを取引したりする場としての**「ＩＣＯプラットフォーム」**というユースケースを立ち上げるお手伝いができるのではないか、と考えました。

ICOを実行する企業が集まる場を提供できれば、そこにはICOに関する生の最新情報やノウハウもたくさん集積されることでしょう。

よって、コンサルティングにも役立ちますし、世間に広く共感される新たなブロックチェーンのユースケースを自分たちで、たとえばOKWAVEの中でつくって世界へ発信できるようになれば、素晴らしいことではないでしょうか。

Wowooは、すでに「Wowbit」（ワオービット：WWB）という独自のICOトークンを発行しています。

「ありがとうポイント」を「仮想通貨」に置き換えたら

OKWAVEには、質問に回答を出してくれたユーザーに対するお礼として「ありがとうポイント」が贈られています。Q&Aサイトという仮想空間の中で、困った人に親切にする気持ちと、その気持ちに応える返礼が日本中で、そして国境を超えてやりとりされており、素朴さや温かさに満ちています。そこに共鳴し、僕が経営に参画したという経緯があります。

そして、ビットコインがまだ「知る人ぞ知る」ものだった頃から、ビットコインを送りあえる機能を実装していたOKWAVE創業者、当時の兼元謙任社長と話し合いました。

「もし、ありがとうポイントを仮想通貨に置き換えたら、今よりもっと素晴らしい世の中ができるのではないか」と。

「お互いの課題や疑問を解決し合って、助け合える世の中」を、インターネットの空間で実現させてきたOKWAVEの兼元社長でしたから、ありがとうポイントを実際の資本主義社会でも回るようにすれば、これらの助け合いがもっと価値ある営みになるはずです。僕たちは、このアイデアを通じて意気投合しました。

ありがとうポイントが仮想通貨としてやりとりされるようになれば、困っている人に対する親切だけで、日常の生活費がまかなえるようになるかもしれません。

僕はOKWAVEの経営陣に参画する以前は、「お金持ちにはダサいやつや、クズが多すぎる」と、呆れていましたし、呆れながらもそのルールの範囲内で、堕落した資本主義を満喫していました。ある種、僕自身も金の亡者だったかもしれません。

それでも、**「もう少し、ちゃんとした生活をしている人へ、ちゃんとお金が回る社会にならないだろうか」**と、漠然とではありながら考えていました。

OKWAVEは、僕が参画する前には、時価総額は四〇億円でした。売上げは二五億円で、うち、利益は一億円。それがただ単に、今までOKWAVEがやってきたことを、ブロックチェーンのビジネスに置き換える計画を発表して進めていたら、賛同者が集まってきて、今では時価総額が四七七億円で、売上げ三五億円、利益一二億円になりました。

しかし、それでもOKWAVEが事業を通じて実現させ、追い求めてきた素晴らしい理念に、この時価総額が見合っているとは思えません。最低でも時価総額一兆円はないとおかしい。このミスプライスも、現代の資本主義社会における理不尽さの表れだと考えています。

OKWAVEには、日米合わせて一六五〇万人のユーザーがいて、累積で四六〇〇万件の「ありがとう」が、ポイントを通じて贈られました。

では、ユーザーは質問に答えたら何かもらえるのかというと、一円も、一セントもらえません。つまり、ユーザーたちが非常に意識の高い状態を張りめぐらせながら、ひとつのメディアを築き上げてきた証だといえるのです。

しかし、せっかくなので、**個々のユーザーの努力が具体的な形になって、それぞれの好意が報われるようになればいいですよね。**

兼元さんは、ビットコインが出てくるずっと前から、OKWAVEの中でいち早く、Q&Aのお礼を「ありがとうポイント」としてサイト上で流通させ、たくさんのありがとうポイントを集めた人がレベルアップできる(評価、表彰される)ようにしました。この着想は天才的です。ただ、この「ありがとうポイント」を実社会のルールの上で流通させようとすると、無理がある。その事実も否定できません。換金できませんから。
ありがとうポイントを仮に日本円で換算できたとしても、せいぜい数十円とか数百円の単位です。「ありがとうポイント」を日本円に換金したり、送金したりできるシステムを作っても、手数料だけで同等以上の負担を強いられてしまいます。

つまり、法定通貨を基にした資本主義経済を前提にしていては、「OKWAVE上での親切な行為だけで暮らしていく」という構想は、絵に描いた餅にしかなりません。結局は「黙って働いて稼げ」という、現代社会で当たり前の結論になってしまいます。

しかし、僕や兼元さんが、ICOや仮想通貨、ブロックチェーンの本質を知ることによって、従来の社会の中で噛み合わなかった、いくつかの歯車がいよいよ噛み合い、同じ方向に回り始めようとしています。
現在、OKWAVEではビットコインの送金によっても、回答へのお礼ができるようになっています。

しかし、ビットコインは現在、利用者の増加に旧式のシステムがついていけず、送金手数料が高騰しています。国境を超えてビットコインを送るのであれば、銀行を通じて送るのと大差ない状況になっています。

また、時間が経ってもなかなか着金しない「送金詰まり」の現象もたびたび発生しており、世界中の利用者を困らせ、怒らせています。

ビットコインはある側面で、法定通貨よりも不便な代物に成り下がってしまい、ナカモトサトシの構想どおりには行かない現実が横たわっているのです（実際はナカモトサトシ論文にもビットコインの起こりうるこうした話題は言及されていましたが）。

そこで、OKWAVEでは、ビットコインよりも便利な仮想通貨を独自に流通させることにしました。今まで「ありがとうポイント」として付与されていたものに代わって、OKWAVEで流通するトークンを実装すればいいのです。そのトークンは、Wowbit かもしれませんし、将来的にはまた別のトークンが出回っているかもしれません。

「いや、面白そうな質問だったから好意で答えただけで、お金を受け取るのは潔しとしない」と思うユーザーは、トークンを別の人に寄付すればいいのです。寄付の事実もブロックチェーン上に記録として残ります。

そのほか、OKWAVE コミュニティに対して、どのユーザーがどの程度の貢献を行っているかが、目に見える形で共有されることになります。

このブロックチェーンを応用すれば、「いい人がお金に困らない」、人類の目指すべき理想的な社会に近づけるはずです。そう信じながら、今もブロックチェーン事業の第一歩を踏み出すために、僕らは日々動き続けています。

しかし、ありがとうポイントをトークンに置き換えるにあたっては、また別の高い壁が立ちふさがっていました。

仮想通貨を推進したい日本も、ＩＣＯの推進は、ためらっている

日本は、電子決済の分野で出遅れています。クレジットカードやデビットカードの利用者は、徐々に増えていますし、Suica や PASMO、楽天 Edy など、ＩＣチップを端末に近づけるだけで決済が完了するカード類も普及しています。

しかし、店のレジでは現金払いをしている人が、まだまだ目立ちます。

一方で、中国は、近年あっという間に電子決済が普及し、Alipay や WeChat などのスマホアプリで支払いを済ませるのが当たり前になりました。現金を使おうとする日本人は、かえって怪しまれてしまいます。

このように、決済手段のインフラに技術的な差が開いてしまったのは、中国の人民元が社会的に信用されず、日本円が非常に信用されているためです。

近ごろ、高額紙幣を廃止していこうとするのが世界的な趨勢ですが、日本において一万円札という高額紙幣を「偽札ではないか？」と疑う人は、ほぼ皆無です。

紙幣に世界最先端の偽造防止技術が組みこまれており、現金への信頼性が高い社会であるがゆえに、電子決済がなかなか普及しないのは皮肉な結果といえるでしょう。

しかし、日本政府は、仮想通貨やブロックチェーンの普及に向けて、積極的に推進する姿勢を貫いてきました。世界に先駆けて、ビットコインなどの仮想通貨を「通貨」として扱い、ビットコインを購入しても消費税をかけないことに決めたのです。

電子決済での出遅れを、仮想通貨で取り返す。経済が長らく低迷している日本にとっては、起死回生ともいえる政策です。

その一方、仮想通貨交換業を行うには金融庁への登録がなければ認めない運用とし、金融業の一角として社会的に責任のある立場を求めています。

そこまではよかったのです。

空気を大きく変えたのが、二〇一八年一月に起きた「コインチェック事件」でした。当時、日本国内で屈指の規模を誇った仮想通貨取引所のコインチェックは、金融庁によって「みなし登録業者」として扱われて、正式な登録を保留状態になっていました。

モネロやダッシュなど、匿名取引に便利な仮想通貨をいくつも扱っていたことや、サイバー攻撃に対する防御態勢が甘いと指摘されていたことなどが原因です。そして、懸念されていたセキュリティの甘さを悪意あるハッカーによって実際に突かれて、莫大な額の仮想通貨を盗まれてしまったのです。その額はなんと五八〇億円。しかも、盗まれた通貨の追跡すらできないという体たらくに陥りました。

この事件が、ただでさえ厳しい金融庁を憤らせ、業界全体を厳しく規制し始める引き金となったのは確かです。

登録のために、さらに厳しく条件を付けた結果、廃業に追い込まれる零細の仮想通貨取引所も次々に現れました。コインチェックは、もともと売上げが好調で資金力がありましたし、さらにマネックスグループの傘下に入ったことで生きのびることができました。

しかし、預けていた仮想通貨を消失させられた利用者たちから裁判を起こされており、問題解決までの道のりは、まだ長く続きそうです。

ICOが世間で信頼され、普及するためには

ＩＣＯ（新規仮想通貨公開）は、まだプロジェクトが具体的に始まっていなくても、企画段階でトークンを発行し、資金を調達できるメリットがあります。**たとえ自己資金がゼロでも、アイデアが素晴らしくて実現への説得力さえあれば、資金を集められます。**しかも、融資を受けるわけではないので、返済に悩まされることもありません。

使いようによっては、何もないところから、まるで打ち出の小槌のように資金

を集められるＩＣＯですが、一方で、嘘八百を並べ立てて、お金だけを集めて姿を消す「詐欺ＩＣＯ」が横行するリスクと背中合わせだともいえます。

ＩＣＯの企画書に該当するものが**「ホワイトペーパー」**です。そのＩＣＯが本物かどうかを事前に判断する資料は、このホワイトペーパーしかありません。株式の世界でいう、投資目論見書ですね。

ただホワイトペーパーは、いうまでもなく企画者が作ったものですから、自信満々の「完璧な計画」「素晴らしい仲間たち」「輝かしい未来」ばかりが書かれているものです。大なり小なり、悪気のないハッタリが含まれているのは仕方ありません。

ホワイトペーパーの内容は、誰の審査も受けていませんし、書いていることが真実であると裏づける根拠は、ホワイトペーパー以外の要素から、トークンの購入者自身が探す必要があります。最後は直感で決断することもあるでしょう。

詐欺に遭い、投資金を完全に溶かすおそれもある一方で、トークンの価格高騰によって一攫千金も狙える現在のＩＣＯは、一種のギャンブルになりつつあります。もちろん、それは僕の望むＩＣＯの姿ではありません。

ＩＣＯが世間で信頼され、一般の人々が安心して関われるものとして普及させていくには、ホワイトペーパーの内容を審査し、認可する第三者機関が必須となるでしょう。ＩＣＯトークンの発行者ともプラットフォーム業者とも離れた立場で、客観的に審査すべきです。

また、ホワイトペーパーは世界に発信することを前提につくられるため、ほとんどは英語で書かれています。たとえ、日本発のＩＣＯであっても、まずは英語で発信したほうが効率がいいのです。

ただ、英語を母国語としない投資家は、ＩＣＯの内容を正確に読み取れないでしょう。そもそも、長い文章から重要なポイントのみを拾って読むのが苦手な人もいます。

そこで、ＩＣＯトークンの購入者の裾野を広げるため、ホワイトペーパーを和訳したり、要点だけをまとめて短文に変換するサービスなども、今後は現れてくるはずです。

望みたい、きちんとしたルール作り

今までは「詐欺まがいのＩＣＯに騙されないように」と、日本国民に向けて注意を呼びかける程度で、金融庁はＩＣＯに対して、ほとんどノーマーク状態でした。しかし今後は、ＩＣＯ事業に対しても、金融庁はいよいよ本格的な規制を始めるようです。やはり、「コインチェック事件」の直後に事態は動き出したのです。

現状、日本では金融庁によって、仮想通貨交換業の登録を認められなければ、ビットコインやイーサリアムなどの一般的な仮想通貨の取り扱いだけでなく、ＩＣＯトークンの交換を仲介するプラットフォーム事業を行うこともできません。

そして、日本に住所を持っている人は、原則として海外のＩＣＯに参加することが許されません。金融庁の登録がない取引所からＩＣＯトークンを購入することは、日本で違法行為として扱われるようになったからです。

しかし、インターネット上では、海外のＩＣＯセールに関する広告も出されているのが実情です。日本語のホワイトペーパーまで用意している海外のＩＣＯ事業者は、明らかに日本人の投資家に向けて情報発信しているのです。

そのような実態を無視して、ＩＣＯへの参加を原則として違法とする金融庁の扱いには、その有効性に疑問が残ります。

もし、海外のＩＣＯに詐欺まがいのものが混じっている可能性が高いのなら、ＩＣＯセールのネット広告をなぜ取り締まらないのでしょうか。そのような詐欺から日本国民を保護する使命感があるのなら、真剣に取り締まるべきです。

しかし、海外ＩＣＯが日本人に向けて告知され続ける現状は放置したまま、内向きの規制ばかりを強化するものですから、どっちつかずの中途半端な対応になっています。

こうした規制のやり方が、非常にもったいないと思うのです。規制は厳しくても構わないのですが、厳しく対処している根拠が不明確で漠然としているのです。

海外ＩＣＯに参加することを全面的に禁止するやり方は、実効性という意味でも、法的根拠という意味でも、納得するのは難しいと思います。

たとえ、国内の取引所でＩＣＯトークンが販売されても、そのＩＣＯ自体に詐欺がないかどうかを金融庁がすべて審査するわけでもないようです。

ならば、それぞれの投資家が自己責任において、国内や海外を問わず、ＩＣＯに参加するチャンスは保証すべきではないでしょうか。

たとえ、小さい規模でも簡単にＩＣＯトークンを取り扱えるようにしなければ、日本経済の将来は暗いままです。もっと、ＩＣＯの本質、実務を理解してほしいと思います。

きちんとルールを作って欲しいのですが、ＩＣＯの進め方は、なかなか理解されていないように見受けられます。

金融庁には、仮想通貨交換業の登録を認めて、ＩＣＯトークンの上場に許可を出す権限があります。それにしても、「どんな条件を満たした仮想通貨交換業なら、詐欺的なＩＣＯトークンを流通させせないといえるか」を審査しているわけではないでしょう。

おそらく、金融庁の本音としては、仮想通貨やブロックチェーンを推進して、もっと新しい応用例を作り、世界に向けて発信したいはずなのです。しかし、一国家の規制当局という立場上、コインチェック事件のようなものが起きてしまえば、しばらくの間は厳しく規制せざるをえないのでしょう。

日本の政府や官僚、特に金融庁の方々と接していると、頭の良さや感覚の鋭さなどを感じました。そうした「鼻の利く」優秀な方々だからこそ、仮想通貨やブロックチェーンの将来性を世界に先んじて見抜き、適切な形で、日本国内における普及基盤をつくろうと取り組んでこられたのでしょう。

現在のような規制に至る顛末は、非常にもったいないと感じます。だからこそ、このような日本の仮想通貨に対する積極姿勢に泥を塗ったという意味で、コインチェック事件には僕も強く憤りを覚えます。

ICOを推進することで最終的にはいい加減な人間を締め出せる

ＩＣＯに関しては、世界に目を向けても、規制がますます厳しくなっており、全般的に「逆風」が吹いているといっていいでしょう。

詐欺的な案件があまりにも多いので、ＩＣＯを全面的に解禁するのも難しいのでしょう。

著名なＩＴ技術者や政治家、学者などの権威ある人物の名前を出し、いかにも国家や公的機関がＩＣＯをバックアップしているかのように書いてあるホワイトペーパーも見られます。その中には、手っ取り早く社会的な信用を得ようとして、虚飾や誇張にまみれたホワイトペーパーも混じっています。

ただ、詐欺が発覚すれば、警察が入って法で厳しく処罰すればいいのです。事後的に科される刑罰や社会的制裁が過酷なら、いい加減な業者がＩＣＯに参加しようとすることを事前に牽制できます。

人を騙して、出資金を持ち逃げするような業者が、長続きするはずがありません。いずれは自然淘汰されます。

今はＩＣＯの黎明期なので、まともな業者の中に、ひどい業者が混じっていることは仕方ありません。出資に慣れたプロの投資家でなければ、リスクに耐えられない段階ともいえそうです。

しかし、プロの投資家まで自己責任でＩＣＯに参加することを許さず、一律に全面禁止にするのは、行きすぎではないでしょうか。

リスクを一定程度許容できる投資家がＩＣＯに参加する土壌があるからこそ、詐欺業者をあぶり出して、淘汰できるのです。ＩＣＯに参加する自由そのものを縛れば、詐欺ＩＣＯを締め出すチャンスさえ失ってしまうでしょう。

そもそも、身元が分からない人間によって詐欺的なＩＣＯができてしまう仕組みを、放置しているのはよくありません。一定の実績と責任感がある者だけが、ＩＣＯをできるようにすべきなのです。

ただ、詳しくは後述しますが、**責任感や過去の実績を公的に記録する方法は、ＩＣＯトークンのブロックチェーンが一番なのです。**

「鶏が先か、卵が先か」のような話ですが、いい加減な人間がＩＣＯを進めるリスクを、ある程度許容してでもＩＣＯを普及させることで、最終的にはＩＣＯからいい加減な人間を締め出すことができるのです。

ＩＣＯトークンが普及することによって、お礼のやりとりが容易になります。するとと、他人からお礼される行為を積み重ねてきた人が、ブロックチェーン上に記録されて、社会的に評価されていくのです。

僕は、ＩＣＯを通じて、そのような社会を創っていきたいと願いながら、事業を展開しています。

OKWAVEが、金融庁登録を目指す理由

OKWAVEが支援する、シンガポールの企業が、Wowooという独自のＩＣＯプラットフォームを立ち上げたことは、すでにお伝えしました。独自通貨のWowbitも、二〇一八年五月に香港の取引所「Bit-Z」での上場を果たしています。

そうして、海外を拠点にしたグローバルな活動の中でOKWAVEも実績を積み上げながら、仮想通貨交換業者としての登録を目指し、二〇一八年六月現在、日本の金融庁に申請中です。

無事に登録が済めば、WowooやWowbitのサービスは満を持して日本に上陸し、日本に住む皆さんにもこの魅力や機能性を実感してもらえるはずです。OKWAVEへの実装も実現すれば、ユースケースが更なる速度で拡充することは間違いありません。

これは、いわばＩＣＯプラットフォームの「逆輸入」なのかもしれません。し

かし、制約の厳しい日本の中でＩＣＯ事業を立ち上げようとするよりも、まずは規制の少ない国で試行錯誤を繰り返しながら、ＩＣＯプラットフォームのあり方を体現してみせるのが一番だと考えました。

日本の厳格な制度や条件に合わせて、仕様などを一部変更しなければならないこともあるでしょう。こちらには柔軟に対応する技術的根拠があります。

仮想通貨交換事業者としての金融庁の登録を申請している間は、OKWAVEの「ありがとうポイント」を仮想通貨として流通させる計画も、しばらくはお預けです。OKWAVEのユーザー間で仮想通貨をやりとりしてもらうためには、OKWAVEも仮想通貨交換業の金融庁登録を行わなければなりません。

Wowbitは香港で上場しています。ただ、WowooやOKWAVEが金融庁登録を終えない限りは、日本国内で上場させることもできません。また、OKWAVEのシステム上に実装させることもできないのです。

しかし、こうした手続きはOKWAVEがQ＆Aサイトから一歩抜け出して「脱皮」し、新たに生まれ変わって進化していくチャンスだと捉えています。
OKWAVEとしては、仮想通貨交換業の金融庁登録が済んでから、「ありがとうポイント」をWowbitなどの仮想通貨に置き換える事業を始めることになります。

Wowbitは、もともとWowooのＩＣＯプラットフォームを立ち上げる資金調達の目的で発行されたＩＣＯトークンです。

「ビットコインの伝道師」としても著名な、青年投資家のロジャー・ヴァー氏も支持してくれました。彼の助けがあったからこそ、ＩＣＯはいいスタートを切ることができましたし、Wowbitの価値を保つことができています。

Wowbitは、ロジャー・ヴァー氏が支持するビットコインキャッシュと連携する予定です。ビットコインキャッシュの処理速度や送金手数料の安さを参考にして、さらにWowbit独自の価値を見いだし、世の中に問うていく構えです。

その一方で、ＩＣＯ目的だけでなく、**今までは目に見えなかった「善意」を可視化するための独自のトークンとしても、Wowbitを流通させようと考えています。**

基本的にはOKWAVEの経済圏内で、仮想通貨版の「ありがとうポイント」として使われることになります。

Wowbitは近い将来、日本円や米ドルなどでの購入を、一定の条件を満たさない限りできないようにする計画です。**善意の行動や、コミュニティへの貢献によってのみ受け取れるトークンとなります。**

このコンセプトに共感できる他のサービスがあれば、Wowbitが使える場がさらに広がっていくかもしれません。

もし、Wowbitの理念や存在価値が世間で理解され、普及していけば、Wowbitを使った様々な派生サービスが生まれていくに違いありません。

僕は**Wowbitを活用しながら、健康や医療に関する事業、あるいはエンターテインメント事業などを、今までにない形へ変革し、さらなる喜びを提供しようと考えています。**間違いなく、今後は事業のジャンルごとに個別のＩＣＯトークンが生まれてくることでしょう。

すでに現時点で、さまざまなベンチャー企業が、それぞれの得意分野を活かしたプロジェクトのＩＣＯを公表し、トークンを発行しています。いずれは、すべてWowbitをベースにした統一規格をもって、さまざまな分野のトークンを発行していきたいと考えています。

まずは、健康やエンターテイメントに関する独自トークンを発行する計画を具体的に立てていますが、その成功を足がかりにして、さらに別ジャンルへ展開させていく構えです。

これからのエンターテインメントは「感動への寄付」になる

まず手始めに、僕が考えているブロックチェーン関連ビジネスの一端についてお伝えします。

シンガポールを拠点にするWowooの関連企業に「Wowooエンターテインメント（登記準備中）」があります。

まずは、映画やスポーツ観戦などの分野にブロックチェーンを持ちこんで、観客にとっての楽しみ方を根本的に変えるつもりです。

現在、映画に関するビジネスモデルはひどい有様です。まず事前に、制作委員会などを立ち上げて、映画制作に必要なお金を調達します。

俳優やカメラマン、脚本家やスタイリストなど、数多くの人々の才能を結集させながら、何年もかけて撮影し、せっかく劇場で封切りをしても、フタを開けてみたらお客さんがまったく入らず、黒字化には程遠い状態となってしまう作品の例は、枚挙にいとまがありません。

つまり、わずかな大ヒット作品によって、多くの赤字映画の穴を埋めているのです。これは、ビジネスとしてリスクを取っているというより、「丁か半か」の博打を打っているに等しい行為です。持ち帰ることができれば大金持ちになれる貴重な品物を調達しても、山賊に襲われて数十人に一人しか母国へ帰ってこられない、シルクロードの商人のようなものです。

その一方で、すべての新作が一律で一八〇〇円という料金設定も、観客の立場を考えているのであれば、本来ありえません。法律で、映画を一八〇〇円で公開するよう映画会社に義務づけられているわけでないにもかかわらず、当然のように統一料金が設定されているのは不可解です。

きっと、映画が娯楽の王者だった時代の栄光を、いまだに引きずっているのでしょう。

ここにブロックチェーンの技術を導入し、ＩＣＯトークンをやりとりできる環境を整備させれば、映画ビジネスは今よりも大幅に合理化させられます。

映画制作も、ＩＣＯプロジェクトのひとつだと位置づけるべきなのです。そうすれば、制作の前から潜在的な観客に向けて、ホワイトペーパーのような企画書を披露して、資金を募ることができます。

脚本を書いたり、配役を決めたり、ロケハンや撮影を行ったり、そういった映画制作の各過程で、**すべての制作状況をオープンにすることで、トークン購入の動機を喚起させることができます。**

映画の公開前から、メイキング動画をインターネット上に流すこともできますし、場合によっては、撮影現場の生中継や、メッセージのやりとりも可能です。

こうすることで、潜在観客は映画に対する参加意識を、心の中で徐々に育てていってくれます。映画館で作品を観る前後が、最もテンションの上がる瞬間となるでしょう。

以前、戦時中の広島を舞台にしたアニメ映画『この世界の片隅に』は、クラウドファンディング（不特定多数の人がインターネット経由で他の人々や組織に資金の提供や協力を行うこと）によって制作資金を調達する試みを実行しました。

クラウドファンディングで投資をした人については、その個人名や会社名がスタッフロールに載る特典が与えられ、話題性と人気を集めたのです。

スタッフロールに自分の名前が載るのなら、周囲に自慢したくなりますし、SNSやブログにも書き込んでアピールするでしょう。

こうして『この世界の片隅に』は、小劇場から公開が始まった映画としては異例の大ヒット作品となりました。

最初は制作資金が不足していたために、苦肉の策でクラウドファンディングを始めたようですが、出資した人々の中に作品への強烈なコミット感覚が醸成されるなど、思わぬ派生効果が得られたのです。

ＩＣＯも、仮想通貨を利用したクラウドファンディングのようなものです。映画の制作のためにＩＣＯトークンを発行することは、むしろこれから現実的な選択肢となっていくでしょう。

また、ＳＮＳでの反応だけでなく、ＩＣＯトークンの売れ行きからも、封切り後の観客動員数をある程度予測することもできます。

観客動員数を増やして話題性を獲得するのなら、劇場に入ること自体は無料でできるようにして、作品を観ながら感動した時は、手元のウォレット端末（仮想通貨の財布）をクリックして、映画会社などに少額のトークンを贈れるようにするといいでしょう。

感動した対象ごとに、個別にトークンを贈ることも可能です。演技に感動したら俳優に、ストーリーが素晴らしいと思えば脚本家に、ロケーションやカメラワークに心が動かされたら、監督やカメラマンにトークンを送信することもできるようになります。

感動したポイントが多ければ、ウォレット端末から、そのぶん多くのトークンが送られますし、ひとつの感動が大きければ、トークン送信ボタンを連打できます。つまり、**人を感動させればさせるほど、客単価が上がっていくのです。**

逆に、つまらないと思えば、一銭も払わずに出て行くこともできます。現在のような統一料金よりも、はるかに合理的な価格設定ではないでしょうか。

ひょっとしたら、一つの映画に一万円、三万円出す人もいるかもしれません。一方で、感動していながら、その気持ちを隠して「ただ乗り」する人も出てくるかもしれません。

メダルに届かなかった選手にも感動トークンをプレゼント

たしかに、人の感動を正確に測定することはできません。トークン送信ボタンを押すのは、いわば「感動自己申告」です。少々のただ乗りは仕方がないでしょう。

しかし、僕は感動のトークンを送信したほうが社会的に評価され、得をする世の中を創っていきたいのです。

「この人は、感動に対して気前よく、お礼の仮想通貨を贈れる人物だ」という事実がブロックチェーンに記録されることで、その人の社会的評価が引き上がります。

そうすると、この人が困っている時や、何かに挑戦して協力を求める場面などには、「口先だけではない人物である」と知らしめることができ、いざという時に他人に助けてもらえる可能性が高まるのです。

つまり、映画に対して感動トークンを贈る行為には、単なる寄付やチップに留まらないインセンティブを付加できるようになります。

「寄付は匿名で行いたい」という美学を持っている人はいるかもしれませんが、これからの時代は、寄付した事実を積極的に表示したほうが、よりよく生きられるようになるでしょう。

同様に、**プロスポーツの観戦において、いいプレーをした選手にトークンを贈ることができるしくみを整える準備もしています。**

これは「**ファンベッティング**」などと呼ばれますが、Wowoo プロジェクトのファンベッティング事業へは、元サッカー日本代表監督のジーコ氏も協力の意思を表明してくれています。

現在のプロスポーツ、あるいはオリンピックやパラリンピックにしても、結果が全てとなっており、「勝てば官軍」が行きすぎている傾向があります。いくら頑張っても、チームが負ければ報われないのです。

たとえチームが負けても、個人で素晴らしいプレイをしている選手はいます。いや、個人競技で金メダルを取れなくても、人々を感動させる選手もいます。メダルに対する報奨金も結構ですが、メダルに届かなかった選手に対しては、観客が直接、感動トークンをプレゼントできるようにすべきです。

Wowoo エンターテインメントでは、試合中の感動すべてを対象として、選手や監督に直接トークンを贈れるようなしくみを整備する計画があります。

僕は、こうした仮想通貨プラットフォーム事業を通じて、寄付文化が日本に浸透していくことを願っています。

日本にはチップの文化がなく、形のないものになかなかお金を払いたがらない雰囲気があります。口先では「社会にいいことを」と言いながら、どこの団体にも寄付をした経験がない人もいます。

しかし、こうしたファンベッティング事業を通じて、**「感動したら、感動をもらいっぱなしにせず、チップをあげるものだ」**と、人々の意識を変革させられるのです。

寄付をするように、人々を「教育」することもできますが、ただ概念を教えても効果は薄いのです。教育が目に見える結果を出すまでには時間がかかります。ある意識が社会に浸透するまでには、世代が入れ替わる必要があります。子どもが大人になるまで少なくとも二〇年以上の期間がかかります。

感動したお礼として、気軽に寄付をできるサービスがあれば、説教くさく教えこまなくても、自然な形で寄付の意識が浸透していくと思います。

ブロックチェーンがつくる、理想の検索エンジン

OKWAVEには、Googleとは異なる新たな検索エンジンを開発できるポテンシャルがあります。質問に対してどんな回答をすると、どれほど人が喜ぶのか、膨大なデータが蓄積されているからです。

Googleですと、たとえば「旦那」を検索窓に入力すると、関連キーワードと

して「別れる」「殺す」「むかつく」「イライラ」などが出てきます。そんな情報をいちいち見せられるようにすることに、どれほどの前向きな生産性があるでしょうか。未婚者は結婚を敬遠し、既婚者は配偶者の愛情を疑うだけです。

たとえ「自殺」と検索窓に入力する人がいるとしても、その人の本心は、簡単で楽な自殺のノウハウを知りたいわけではない場合がほとんどです。誰かに話を聞いてほしい、何かを打ち明けたいという気持ちがあるのでしょう。

今は、悩みを解決したくて、検索窓に様々なキーワードを入れて情報を探す人もいるでしょう。それよりも「実は私も同じような体験をしていてね。でも大丈夫だったよ」という返答が着いたほうが、検索結果としては効率がいいですし、たとえ知らない者同士でも、人と人の繋がりを感じられます。

OKWAVEでは、**知る必要がないことを知らずに済み、検索者の意図を読む「有機的な」検索エンジンを開発できる素地があります。**

ICOがつくる「新資本主義」社会

これから、新しい社会が始まります。

僕が考えている新しい資本主義社会は、**ブロックチェーンを主軸にして、人々の「善意」が交換されることによって成り立つ世の中です。**

なぜ、今まで善意が交換されてこなかったのでしょうか。それは多分、技術的な問題が背景にあると考えています。お金に代表される社会的価値のやりとりには、手数料などのコストがかかってしまうからです。

一〇〇円を送金しようとしたら、国内の同一銀行支店間でも、一〇八円の振込手数料がかかります。

直接会って一〇〇円渡せば、手数料はかかりません。しかし、直接会うための交通滞在費が、一〇〇円以下で済むはずがありません。とても割に合わないので、ちょっとした行為へのささやかなお礼として、一〇円や一〇〇円の対価を払うことは、現実的でない。それが常識だとされてきたのです。

とはいえ、おかしな話です。さまざまな不可能を可能にし、宇宙空間へも深海へも旅立っていける高度な文明を手に入れた私たちが、なぜ、たった一〇円や一〇〇円の送金を「不可能な行為」だとさせられているのでしょうか。

コンピュータ上で口座残高を操作し、お金を右から左に動かすだけで、その仲介業者である金融機関が、無視できない割合のお金を強制的に天引きするのです。そうした送金仲介業務は、銀行などの金融機関が独占してきました。独占できる業務では競争原理が働きませんので、手数料を高く設定されるのが世の常です。要するに、完全に利用者の足元を見ているのです。

しかし、金融機関による法定通貨の送金にも、仮想通貨ならばコスト面で正面から対抗できるに違いありません。手数料がほぼ無視できるほど安いので、一〇〇円分のお礼を、ほぼ一〇〇円としてやりとりできます。

現在は送金手数料がかなり割高となっているビットコインも、二〇〇九年頃に構築された古いシステムを破棄して、利用者の急増に対応できる新システムへとバージョンアップさせれば、かつてのように非常にわずかな手数料で送金できるようになります。

現在のビットコインには、マイニング(取引の承認・確認作業を行うこと)といって、一定期間ごとにすべての取引記録を取引台帳に記しますが、その専用機である「ASIC」の稼働に多額の投資をし、大量のトランザクション(取引の履歴)を処理している、発言権の強いマイナー事業者が絡んでおり、バージョンアップへの反対が強いために、送金手数料が高止まりしているのです。

今では、高い送金手数料が彼らの既得権益と化しているのでしょうし、ビットコインをバージョンアップさせれば、その新たな仕様に対応するASICを導入するなど、再投資のコストがかかってしまいます。

つまり、ビットコインの送金手数料が安くならないのは、技術的な問題ではなく、いわば「政治的な壁」にぶち当たっているためなのです。

僕たちが普及を推し進めている仮想通貨（ＩＣＯトークン）であるWowbitは、**送金手数料を、ほぼゼロにすることが可能**となります。送金額の〇・〇〇一％（一〇万分の一）程度にまで抑えることができますので、一〇円や一〇〇円分のお礼をするのに、何の支障もなくなります。

「悩み相談に答えてくれた」、「電車で席を譲ってくれた」、「落としたハンカチを拾ってくれた」……そのような、ちょっとした善意に対して、ちょっとした「ありがとう」の通貨を贈ることができれば、世の中の善意の総量は、大幅に増加していくと考えています。

もちろん、善意に基づく行動はお金目当てでなく「気分が良くなるから、やる」「黙って見過ごせないから、やる」ことがほとんどでしょう。

しかし、受け取るのに遠慮する必要がない程度の額が、お礼として送金される営み自体は、善意の邪魔にならないはずです。

しかし、善行を日頃から積み重ねている人は、様々な人々から送られてきた、わずかなトークンが「ちりも積もれば山となる」で、ふと気づけば結構まとまった金額になっているはずです。**近い将来には、企業に就職しなくても、善行だけで暮らしていける人も現れます。**

企業が利益を出せるのは、そこに勤める人々が、労働力を格安で提供しているからです。会社勤めとは本質的に、割に合わない行為を延々とさせられ、時間と労力を切り売りすることを意味します。ただ、毎月安定した給与が得られて、身分が保障されるので、みんな会社に勤めたいと希望するのです。

しかし、特定の企業に依存し、生殺与奪の権を握られながら生きるのは、人生のリスクともいえます。

その点、様々な人々から少しずつ「お礼」をもらいながら生活できれば、一定のリスクヘッジをできるようになります。

たとえば、一〇〇〇人から月五〇〇円分のトークンを受け取り続ければ、月五〇万円の収入になります。たとえ、そのうちの二〜三人から嫌われたとしても、大した問題ではありません。

やがて、ＩＣＯトークンを媒介に回っていく、独自の経済圏ができあがっていくでしょう。**みんなから支えられ、みんなに活かされることで、みんなが社会的束縛から解放され、自由になれるエコシステムです。**

ＩＣＯトークンの流通が当たり前になれば、トークンの種類ごとにコミュニティが形成されるかもしれません。たとえば、健康・医療系プロジェクトのＩＣＯトークンを購入する人は、健康に不安を抱えている人でしょう。

今までは、高度な医療を受けられるのは、預貯金に余裕のある富裕層に限られていましたが、これからはお金がなくても、善意のお礼として受け取ってきたトークンが貯まっていれば、お金持ち患者と同等レベルの高度医療を受けられるようになります。

地域の町おこしを目的にしたＩＣＯトークンを流通させるのは、地元の人だけでなく、旅行者やその地域のファンも含まれます。

そして、健康系と地域系、両方のＩＣＯトークンを買う人がいてもまったく問題ありません。使えるシチュエーションが重複し、多様性が起きたほうが、相乗効果や化学反応によって、また新たなコミュニティが形成されるかもしれません。資産も立場も属性も異なるはずの人々について、その欲求やニーズの違いを切り捨てて、ひとつの通貨で全員を束ねてきたのが、従来の資本主義社会でした。日本国内なら円、アメリカなら米ドル。ひとつの尺度だけで判断される社会は窮屈です。**たとえ日本円に困窮していても、みんなからお礼を言われる豊穣なトークンコミュニティに所属していれば、物資的にも精神的にも満足して生きられる。**それで良いのではないでしょうか。

最終目的は暮らしを支え続ける「ライフ・プラットフォーム」

OKWAVE上でも、様々な善意のやりとりができる総合的なトークンコミュニティを構築したいと計画しています。

OKWAVEコミュニティの中で評価が高まったユーザーは、様々な商品やサービスの割引を受けられたり、転職が有利になったりするなどの特典を得られます。

僕たちの最終目標は、OKWAVEを**「ゆりかごから墓場まで」人々の暮らしを一生涯にわたって支え続ける「ライフ・プラットフォーム」にすることです。**

OKWAVEのコミュニティメンバーになったほうが、トークンのやりとりを通じた相互扶助によって、人生の様々な壁を乗り越えやすくなる。そんな場を提供したいのです。

OKWAVEが、ブロックチェーンを中心に、メンバーの人生を総合的にサポートできるライフプラットフォームになれば、現代の国家よりも様々な優れた面が立ち現れてきます。

キーワードは「コストレス」「フェアネス」「フリーダム」の三つです。

デジタルデータを基盤としたブロックチェーンを運用するのに、何兆円、何十兆円といった大きな桁の予算は必要ありません。つまり「コストレス」です。

年金や公的な保険も要らなくなるでしょう。そのような莫大な財源を人間が管理すると「消えた年金」などのつまらない問題が生じてしまいます。

ブロックチェーンのスマートコントラクトで、年金や保険は自動的に運用することが可能です。

また、詳しくは次の章で述べますが、**善意や人徳によって豊かな生活を送れるようになる「フェアネス」**を実現できます。

そして、日本国民に「国籍離脱の自由」が保障されているように、OKWAVE経済圏から抜け出す「フリーダム」もあります。OKWAVEのメンバーになってくれれば、こちらは一生涯にわたって面倒を見る用意がありますが、他のエコシステムを選択することも自由です。

ただ、ブロックチェーンを基にした「電子国家」に優位性があるからといって、「国家が要らない」と言いたいわけではありません。現実社会を運営するために、国家という歴史と伝統のあるシステムはこれからも必要です。

警察官や救急隊の出動、道路や水道管などのメンテナンスなど、マーケット原理ではまかなえない公的な営みがなくてはならないからです。

ただし、ドイツ・プロイセン王国期の政治学者、ラッサールが「夜警国家」と名付けたような、必要最小限度の機能のみに抑えた国家です。

国家のメリットは活かしつつも、新たなブロックチェーン経済圏が人々の福祉に貢献するような、適切な役割分担を目指しています。

第三章

ブロックチェーン経済圏がつくりだす、善意のマーケット

僕が狭山市長選に立候補した理由

僕は二〇一五年、埼玉県の狭山市長選に立候補しました。蒸し暑い梅雨時に狭山市内を駆け回り、まさに東奔西走するような過酷な選挙戦を戦いました。お陰で多くの有権者の支持を集めることができましたが、最終的には残念な結果に終わりました。

この頃の僕には、「**狭山を、外貨決済が当たり前にできる街にしたい**」「**住民税を撤廃したい**」という構想がありました。

狭山市民は小さい頃から、米ドルや人民元に親しむようになり、自然と金融感覚や国際感覚も養われていきます。両替が不要で外貨を使いやすければ、外国人も集まってきます。また、世界を肌で感じられる自治体には、富裕層も移り住んでくると考えていました。

住民税をゼロにするだけでなく、億単位のまとまった資産を持ってきたら、固定資産税などのあらゆる地方税や手数料を生涯ゼロにします。人口問題も解決するに違いありません。

つまり、**狭山市をタックスヘイブンの自治体にし、独自の経済圏を創る**ため、僕は狭山市長の座に就こうとしました。

もっとも、たとえ当選できたとしても、地方自治法などの法規制が、このような大胆な構想を違法と位置づけていたのはわかっていました。総務省や埼玉県がこの構想を許容することもなかったでしょう。

もちろん、ルールは変えるためにあります。地方自治体をタックスヘイブン化させ、独自の経済圏を実現するため、市長として国や県に対峙して、説得に動く用意はありました。

しかし、**これからは自治体の首長とならなくても、独自の経済圏を創り出すことが可能になります。国家のしがらみから解放されたブロックチェーンがあるからです。**

「善意の市場」を創造する

今、あなたがこの本を読んでいる、この瞬間にも、世界のあちこちで、小さな子どもたちの命が、病気や戦火で失われています。ある国では、飢え死にする人々が絶えない一方で、日本のコンビニや飲食店では、まだ安全に食べられる食品が大量に廃棄されているのも事実です。

この社会は、どこかおかしい。そう思っているのは、恵まれない境遇や社会の理不尽に苦しめられている人だけではありません。何ひとつ不自由なく暮らしている富裕層の人々も、同じように「不平等はおかしい」と考えています。

ただ、富裕層の人々が積極的に寄付するのは、ボランティアの慈善団体や福祉団体などです。そのほうが善行としてわかりやすく、アピール力が強いので、福祉には寄付が集まります。

しかし、**平均的な生活水準で暮らしている中間層が、ジリジリと貧しくなって**

いるのも事実です。出費を切り詰めて、文化的な最低限度の生活は送れるものの、子どもを大学へ進学させるお金がありません。奨学金を得ることで進学できたとしても、数年後には返済に苦しんで破産するしかない状況まで追い込まれることも珍しくないのです。

トークンコミュニティは、寄付が後回しにされがちな中間層にこそ、効果的にお金が行きわたるようになる仕組みだと、僕は考えています。

中間層こそ、人を貶めようとせず、遠慮がちで、善意に生きる正直な人々で溢れています。この資本主義社会で、人一倍のお金を得ようと思えば、多少のズルやハッタリは必要となります。批判や中傷をされようとも、「目立った者勝ち」なところもあります。

進んで譲り合い、自分の手柄を他人とシェアするような控えめな性格の人へは、なかなかお金が回ってきません。むしろ、そのお人好しぶりを利用され、お金や時間を搾取されてしまう恐れもあります。

しかし、**トークンコミュニティを中心とする新資本主義社会**では、**正直に生き、善意で他者に尽くす行為こそ報われる世の中になります。**そのような価値観が常識へと転換すれば、他者を出し抜いて、アピール力とテクニックで稼ぐことができる従来のお金は、徐々に価値が目減りしていくはずです。

OKWAVE の兼元さんとは「ICOトークンによって、感謝の気持ちを具体的な価値に替えられる」と、いつも話していて、その認識では一致しています。

現在は、「ありがとう」と感謝の言葉を受けることで、嬉しくなったり、感情が揺さぶられたり、自尊心が高まったりすることはありますが、「ありがとう」は経済的価値と関係ありません。そんな社会です。

しかし、これからの OKWAVE は、感謝の気持ちを目に見える価値に変換する試みにチャレンジしていきます。そのチャレンジは、いわば**「善意の市場原理」の創造**です。今後もし、人類の文明が進化するとしたら、その道を辿っていくに違いありません。

ブロックチェーンで「善意」の総量が増えていく

生きていれば、大なり小なり、悪いことを人間は考えてしまうし、何かの拍子につい、やってしまうものです。しかし、たとえば万引きを見つけ次第、店員がその場で射殺できるとなれば、誰も万引きをしなくなります。あまりにも割に合わないからです。

実際には、バランスの悪い重すぎる刑罰は人権侵害になるので認められませんが、人は、割に合わなければ犯罪など犯さないのです。

僕自身、ギリギリ合法で、税金をできるだけ安く抑える方法を徹底的に追求していた時期がありました。しかし、どこかで必ずつじつまが合わなくなりますので、結局は素直に税金を払ったほうが早いのです。

現代社会は、犯罪が割に合わなくなりつつあります。詐欺を働いても、リスクを取るわりに大した収益にはなりません。暴力団も稼業としては儲からなくなり、日本では壊滅に向かっています。

これは、とてもいい兆候だと思います。これから、ブロックチェーンによって、嘘や悪事があぶり出されることで、さらに良い変化が期待できます。

何をしたら「善」で、何をしたら「悪」なのかは、たとえばトークンを多く集めている事実があるなら「善行」とされるように、過去の構成員の行いがブロックチェーンに載っているので、それらを判例集のように参照しながら、コミュニティ内でルールを決めればいいのです。

とはいえ、善と悪の境界線を、それほど厳密に引かなくてもかまいません。なぜなら、悪いことをするインセンティブがない社会なので、わざわざ危険を冒して合法スレスレのことをする必要もなくなるのです。素直に善行を積めば、トークンが入ってくるのですから。

善行を積んだ結果、集まったトークンを使って、見栄を張るために豪華な車や服を買っても、ブロックチェーン上でせっかく集まった高評価が下がるだけかもしれません。とてもリスキーな浪費となります。

人徳で暮らせる世界

善行を積んでいる人は、それほど生活費のことを意識しなくても、満足に暮らしていけるようになる未来が、もうすぐやって来ます。いわば**「生きざま資本主義」**の社会といえるかもしれません。あらゆるプロセスを記録するブロックチェーンがまさに本領を発揮する領域です。

生き方さえ格好よければ、仮に今、銀行口座の残高がゼロでも生きていけるのです。自分の辿ってきた人生の軌跡、取り組んできたプロジェクトの背後にあるストーリーが、人々から共感され、賞賛してもらうことができれば、それが社会的価値になります。

これからの人々に最も求められるのは、「善行」であり「貢献」です。今、いくら持っているか、資産をどれだけ集めたかという結果ではなく、「過程」「履歴」「言動」こそが重要視されるのです。

明治・大正期に活躍した実業家の渋沢栄一氏は、『論語と算盤』という著書を出版し、「人間は人格を磨きつつ、利益を追求して生きるべきだ」と語っています。これを読んで感動する人もいるようですが、僕には「矛盾しているな」としか思えません。いくら『論語』を学んだって、お金は入りません。入ってこないお金を、そろばんで計算することはできないでしょう。

道徳や倫理を立派に説いてみても、結局、この世の中は力のある者が勝ちますし、権力は買収できてしまうのです。

お金持ちが「人格」や「社会貢献」「感謝」などの美しい概念を強調したがるのは、他人を出し抜いてお金儲けをしたことに対し、どこかで後ろめたさを感じているからかもしれません。

しかし、**ブロックチェーンが中心となる新資本主義社会では、ついに『論語と算盤』が綺麗事ではなく、現実のものとなります。社会に貢献し、立派に生きてさえいれば、衣食住が足りる世の中です。**

渋沢栄一は、あまりにも早い時期に、二一世紀の予言を提示していたのかもしれません。

現代の資本主義社会の下では、いくら人々に貢献しても自分の身を磨り減らすばかりで、とても生きづらい立場に追い込まれている、おひとよしで報われない人がいます。しかし、彼らの行いは、新資本主義社会のブロックチェーンにおいて、高い評価が記録され、共有されるのです。徳を積んだ人こそ、より自由で豊かな生活を送れるようになります。

倫理や道徳を、ブロックチェーンに織り込んでいくイメージです。「挨拶をする」「親孝行する」など、世界中で共通の良識とされる善行を最大公約数として採り入れれば、狭いコミュニティの中だけでなく、世界規模で評価することもできます。

これから、善意によって「食える」社会ができるなんて、現代人ですら信じられないかもしれません。現段階では、さすがに不可能だからです。

しかし、『論語と算盤』が一日でも早く現実のものとなるよう、僕はブロックチェーンビジネスに取り組んでいます。

あなたのお金は、社会の中にある

僕は、起業家を対象にして、講義や講演を行うことがあるのですが、その際、「お金は誰だって刷れる。いくらでも刷れる」と語ることがあります。

「お金を刷る」は、物のたとえとして言っているわけですが、この言葉の真意は「自分のお金なんか存在しない」という点にあります。

本当のお金持ちとは、銀行口座の預貯金残高の桁が多い人ではありません。

「社会の中から、いつでも好きな時にお金を引き出せる人」なのです。

投資家であれば、手持ちの現金が足りなくても、適切なレバレッジをかけて、タイミングを見計らったトレードによって、相場から必要な「お金を引き出せる」でしょう。

起業家であれば、顧客や取引先の抱える問題を解決したり、気分が高揚したりするような商品やサービスを提供し、その対価を得ることによって、社会という

ATMから「お金を引き出す」ことができます。

「金は天下の回り物」といいますし、お金はもともと、社会全体に属している価値なのです。預貯金残高が多いタイプの人は、お金持ちというよりも、回すべき価値を社会に還元せず、全体のバランスを崩しているケチと呼ぶべきです。

個人が所有しているお金というのは、本質的に存在しないからです。

意識的にせよ無意識にせよ、あなたはお金を社会の中に預けています。そのお金を、何らかの手段で引き出せるかどうかが問われているのです。

この資本主義社会で、お金は信頼のバロメーターだからです。信頼されている人には、自然とお金が舞い込むのです。ただし、この場合の信頼は、多くの場合「自分を儲けさせ、稼がせてくれる信頼」とほぼ同じ意味となります。

確かに、一朝一夕では獲得することのできない信頼感ではありますが、ビジネスでの貢献に限定された範囲内での信頼ともいえそうです。

しかし、トークンコミュニティにおいては、法定通貨を稼いだり稼がせたりする信頼とは、別種の信頼感も機能してくるのです。

今まで、まとまったお金を調達しようと思えば、事業計画書などを作成してから銀行に掛け合って、融資金を将来的に返済できる根拠を具体的に示す必要がありました。国や自治体から補助金を得るのも、書類で根拠を順序立てて説明する必要があります。

しかし、何らかのプロジェクトを実行するのに必要な資金の調達は、ＩＣＯによって、もっとやりやすくなります。ＩＣＯトークンを自在にデザインして、世間から募集すればいいのです。

これからは、物のたとえでなく実際に「お金を誰だって刷れる」時代がやってきます。もちろん、偽札ではありません。自分で企画し、自分で発行する通貨です。

誰もが通貨をデザインできる時代へ

日本円は日本円で、ドルはドルです。中国の人民元も、ユーロも、その価値は既に通貨そのものの中に含まれています。みんなが法定通貨の価値を信じているから、商品やサービスとの交換に応じます。

そして、為替相場は通貨相互間の力関係で動きます。お互いの通貨価値の比較によって決まる、相対的なものです。

一方で、**ＩＣＯトークンは、何かを実現したい時、みんなから資金を募るために発行するものです。そのトークンを発行する人の考え方次第で、いかようにも価値を広げられます。**

今まで、通貨を発行できるのは国家の中央銀行だけだったのが、民間でも通貨を発行できるようになったのです。そして、通貨の価値のデザインまで民間で行えるのです。この仕組みを指して、僕は**「資本の民主化」**と呼んでいます。

トークンの良し悪しを決めるのは、ユーザー数なので、非常に革命的であり、しかも民主的な仕組みともいえます。

発行数の上限や金利、利用者、資金使途、利用シーンなどの計画をホワイトペーパーに書き込んで、トークンを自在にデザインできるのです。注目のICOでトークンの発行数を絞れば、需給関係によって価値は上がっていくでしょう。デザインが下手ならば、たちまち価値は萎んでしまうでしょう。

「自分が儲かりさえすればいい」という資本主義的な感覚で発行するならば、それは法定通貨でも仮想通貨でも意味がない。発行目的に適した手段として、通貨をデザインしなければなりません。

もっとも、**利用者からどのように思われるかによって、トークンの最終的な価値が決まります。発行者がトークンの価値を完全にコントロールできるわけではありません。**しかし、発行者が最初の段階で、どのようにトークンをデザインするのかが、価値を生み出す出発点であるのも、また確かな事実です。

どのようなトークンを、どのように発行すれば、うまくいくのかは未知数です。現在のように国家の中央銀行が発行権を独占しているような法定通貨に比べれば、トークンの新規発行なんて、参入障壁がまったくないようなものです。どれぐらいの規模にするかも含めて、いろいろと試すことはできます。

極端な話、今からUSドルのような世界の基軸となるようなトークンを、民間人が作れてしまうとしても不思議ではありません。

現在、仮想通貨界において事実上の基軸通貨といえるビットコインをつくった「ナカモトサトシ」は正体不明です。

しかし、そのナカモトサトシに憧れて、現在はICOトークンを制作するベースとしても普及している仮想通貨、イーサリアムを考案したのは、弱冠一九歳のロシア人、ヴィタリック・ブテリン氏だと特定されています。

そのように、世界を動かすトークンを個人が開発する例は、これから珍しくなくなっていくでしょう。

もし、仮想通貨の発行や運用、交換に対して、国家が過剰な規制をかけると、仮想通貨の様々な長所が打ち消されるおそれがあります。

「ベーシックインカム」はトークン経済で実現できる

今までは「お金がたくさんあるところに、さらにお金が集まる」というのが資本主義の本質であって、その本質が「富める者がますます富む」という格差を生んでいました。

法定通貨がトークンに変わったからといって、その本質は変わりません。しかし、いい行動に対する感謝によってやりとりされるトークンを多く持つ人に、さらに大きな善意のトークンが集まることは、むしろ喜ぶべきことではないでしょうか。

これからは「生きるために働く」ということが、なくなっていきます。働かなくても、善行の対価としてトークンを受け取り続ければ、生活に困らない程度の暮らしを送ることはできるからです。

人間に向いていない仕事はＡＩに任せましょう。他人を喜ばせて、善意のトークンを受け取ることができれば、人類はついに労働から解放されることになります。

そうすると、それぞれが好きなことをしながら生きていく時代が到来します。人は余った時間で遊びだします。遊ぶことが文化になっていきます。これからは、文化を創れる人が社会を創っていくのです。

やってみたいことをＩＣＯとして提案し、トークンを発行し、共感してトークンを購入する人をある程度集められれば、お互いに助け合いながら生きていけるでしょう。

国民すべてに毎月、無条件で一律にお金を渡す「ベーシックインカム」という構想があります。年金や保険、生活保護などの福祉制度を廃止するのと引き換えに、働かなくても国から一定のお金が支給される制度です。

人口の頭数に応じて支給されるので、子どもが多い家庭ほど、多くのベーシックインカムを受け取れるようになり、少子化問題も解消するのではないかといわれています。

しかし、問題は財源です。一人あたり毎月八万円のベーシックインカムを支給すると仮定した場合、それだけで年間一二〇兆円が必要となります。そんな予算がどこにあるというのでしょう。日本円を前提にした話だから、財源がどうのこうのという話になってしまうのです。

しかし、トークンエコノミー社会であれば、その経済圏の中でベーシックインカムに似た状態を創り出すことができます。

誰だって世界中に一〇〇人ぐらいのファンを作れるはずだと、僕は考えているのです。だとすれば、単純計算で一人一日三〇円の寄付を集められれば、一カ月一〇万円受け取って生きていけるのです。

ただ、何にでも使える汎用性の高い通貨を集めようとすれば、結局は度胸やセンス、創意工夫や運など、今までの資本主義社会で行われるビジネスに近い要素を求められてしまうのではないでしょうか。

トークンの数量にこだわるのでなく、他人に対して、愚直に貢献を続けているうちに、いつの間にか「お礼」の通貨がウォレットに貯まっているのが理想的です。食料品のトークン、飲料水のトークン、衣服のトークンなど、生活に必要なものと交換できる権利さえ持っていればいいのです。

もし、ベーシックインカムが実現するとしたら、お金をただ配るのでなく、トークンを介した互助的な形の生活保障にしたほうが、持続の可能性が伴って現実的であると考えます。

お金持ちを目指すメリットがなくなる

現在の資本主義社会では、お金がないと生きていけません。多くの人々が労働のために時間を奪われ、一部の人は命すら削っています。子どもでも、お金さえ持っていれば、大人たちが平身低頭で迎えてくれます。ある意味で公平ですが、あまりにもお金という「結果」が偏重されすぎる世の中です。

ブロックチェーンが創り出すトークンを日本円で換算した数字が多いと「お金持ち」となります。トークンエコノミー社会でも、トークンエコノミー社会でも、貧富の差はあるのです。

しかし、トークンさえあれば楽しく生きていけるので、お金をたくさん持つことに、ほとんどの人がこだわらなくなります。つまり、貧富の差がどうでもよくなり、お金持ちの価値も下がっていくのです。


トークンエコノミー社会は、お金持ちになることが「趣味」や「ゲーム」になる時代です。たくさん集めたい人は、好きなように集めればいいのですが、集めなくても生きていくのに困らない世の中なのです。たくさん集めて「お金持ち」になったからといって、特に優遇されるわけではないため、メリットもありません。

人を助ければ助けるほど、トークンを多く受け取れる世の中なら、医師や看護師を目指すのが、真っ先にお金持ちになれる道かもしれません。

ただ、お金持ちになること自体に大した価値がなくなり、むしろブロックチェーンによって、医療ミスや診療報酬の不正請求などの証拠が残っていれば、医師としての信頼は一気に失墜するリスクがあります。

今まで以上に、本心から人を助けたい気持ちがある優秀な人だけが、医療の道を目指すのでしょう。


どれだけお金持ちになっても、住居トークンがなければ追い出される可能性があります。「申し訳ありません。六本木ヒルズのレジデンストークンは、一定以上の徳を積んでいる方でなければ、お渡しできません」という運用になれば、いくら他のトークンを山ほど持っていたところで役に立ちません。

かつて、高額で取引されたことがある「ゴルフ会員権」も、ただ大金を積めば手に入るものではなく、「生き方が下品で、一定の水準に達していなければ、取引が成立しない」ものとなるでしょう。

かつての富裕層の社交場は、少数精鋭の小さなコミュニティであって、その中で相互評価をしてきたのかもしれませんが、これからはブロックチェーンをベースに世界じゅうで評価が共有されます。そのため、会員権を買うどころか、どのゴルフ場に行っても出入り禁止になる可能性があります。

ゴルフを真に「紳士のスポーツ」とする社会的コンセンサスが出来上がれば、なおさらです。善行と徳を積んだ本当の紳士こそ、格安でゴルフを楽しめるようになるでしょう。

お年寄りや障害者も、「善意の市場」では不利な立場にはならない

善意が評価される社会では、元気で活発に行動できる人が有利で、そうでない人は不利な立場に追い込まれると批判する人がいます。

お年寄りとか障害者など、コミュニティに貢献したくても、他の人のように振

る舞うことがなかなか難しいと心配する意見もあります。

僕は、そうは思いません。善意とは多面的なものです。身体が動かなくても、インターネット上のコミュニティでは行動できます。他人に何らかの贈与をすることは可能でしょう。

もし、社会貢献に支障がある人がいるのなら、その人々のために専用のコミュニティやトークンを創ることもできます。

身体障害者のコミュニティで、「障害者用のトイレの場所を教えてあげる」というのも、立派な貢献であり、トークンが流通するきっかけになります。

お年寄りや障害者は、善意を一方的に向けられる存在になりがちであり、それを息苦しく感じる人もいます。様々な不自由な事情がある人たちも、自分の中にある善意で他者に貢献して、世の中の役に立ち、自己の存在意義を再確認したい気持ちがあるのです。

OKWAVEのQ&Aサイトでは、善意は持っているけれども、知識不足や説明能力不足で、答えたくても答えを持っていない人もいるかもしれません。

しかし、サイト上には質問のジャンルが無数に用意されていますので、答えられる質問はどこかに必ずあるはずなのです。

むしろ、Q＆Aサイトで他人をなかなか助けられない自分の現状を自覚して、コミュニティに貢献するには何が必要なのか、何を意識してどう生きるべきなのかを考える契機にはなるはずです。


他者に貢献すれば豊かになるトークンエコノミー社会であれば、できるだけ多くの人が豊かになる新たなトークンを真っ先に創った人にも、善意のトークンが山ほど集まるようになります。「善意の先行者利益」もありうるのです。

高齢化社会では、年金や健康保険の財源が枯渇するのではないかと心配されていますが、高齢者もお金を稼げれば解決するのです。老人問題というのは、つまり、お金の問題です。

今までの資本主義社会では、「年金が減るのに、老人になるまでにお金を貯めていない自分が悪い」と批判されていました。しかし、普通に働いていれば、リストラや大病など、思わぬきっかけで年収が減ることもあります。子どもの学費で精いっぱいで、貯めたくても貯められないこともあるでしょう。

ただ、繰り返しになりますが、トークンエコノミー社会では、手元に現金がなくても生きられる社会です。善行や人徳が年金代わりです。

むしろ、老後のためにお金を貯めている人は「よく身体が動く若いうちにお金を使わないで、何のために生きているのか」と批判されるようになりそうです。

銀行は次々に潰れ、「正しい借金」だけをできる社会に

今の資本主義社会でできる借金は、ことごとく「悪い借金」といえます。

なぜなら、嘘やハッタリで借りている借金だからです。金融機関にすべて本当のことを伝えたとしたら、借りられないはずの額は、本来、借りてはいけないのです。本来借りていい額を超える借金をするから、返せなくなります。

しかし、破綻して回収不能になるリスクよりも、毎月の返済で得られる利息の

ほうが大きければ、金融機関は一種の経営判断として、融資を実行してしまいます。

日本国も同様です。国債と地方債を合わせて、一〇〇〇兆円以上の負債を抱えています。たしかに、国内で償還されているから大丈夫だとか、擁護する意見もあります。

しかし、歳入と歳出のバランスが慢性的に崩れている点を考えれば、日本国もやはり、間違った考えに基づく「悪い借金」をしていると考えるべきです。

ブロックチェーンが創り出す「新資本主義」の社会では、そもそも返せない借金ははじめから借りられません。すべて「正しい借金」となります。

なぜなら、その人が周囲から受けたブロックチェーン上の評価を超える借金が不可能となるからです。

今でも、金融機関の間で共有されている個人信用情報（いわゆるブラックリスト）は、カードローンなどの融資を実行するかどうかを判断する資料となります。

ただ、ブラックリストに掲載されているのは、返済の遅れや破産などの「事故情報」です。つまり、「借金した後の問題」を記録しているにすぎません。ブロックチェーンは、借金する前の「日頃の行い」を記録し続けている点が根本的に異なります。

返せるはずの借金を返せないと、食費や生活必需品を購入する以外のコントラクト（契約）が成立しなくなります。たとえば、借金を返済せずにキャバクラで豪遊しようとしても、代金を決済できずに通報されることが起きます。

善行を積んでいればトークンで生きていくことはできるので、まともに生きてさえいれば、そもそも生活費に苦しんでカードローンに駆け込む必要はないはずなのです。**新資本主義社会は、お金持ちになるメリットが少ないため、借金をして贅沢をする動機がなくなるのです。**

もちろん、何か事業を興すために、まとまったお金が必要な人もいるでしょう。その時は、嘘を言って無理に融資を受けるのでなく、ＩＣＯトークンを発行して資金調達をすればいいのです。みんなに共感され、話題にしたくなるプロジェクトであれば、世界中の賛同者がお金を出してくれます。

一方、**銀行は次々に潰れます。融資を実行する役割の社会的価値が激減してしまうからです。**それでも、大金を預かって安全に保管する機能だけは、おそらく残るでしょう。

「プライベートバンク」のスイス銀行などは、仮想通貨のハッキングから徹底的に防御する仕組みを、富裕層向けに提供するようになるかもしれません。

「ご当地トークン」で、地方は活性化される

全国各地で、手を替え品を替えの「町おこし」が行われています。特色があり、共感される町おこしは成功しますが、ほとんどは「よそでやっていたことの真似事」であり、インパクト不足で埋もれてしまいます。

つまり、地域の町おこしは、ベンチャー企業のＩＣＯと共通しているところがあるのです。「共感」と「独自性」で話題を巻き起こすことさえできれば、人もお金も自然に集まります。それぞれの自治体が**「ご当地トークン」を発行して、**

そのトークンでお得な自治体の商品やサービスを購入できるようにすればいいのです。

たとえば、福岡で博多ラーメンを食べたい観光客は、たくさんいます。もし、博多ラーメンの提供を「ラーメントークン」との交換に限定すれば、人気を煽ることもできるでしょう。トークンの発行数を絞れば、自然にトークンの価値も上がっていきます。

もし、ご当地トークンの価値が日本円よりも向上すれば、自治体は発行を終了してトークンを売却します。売却益を地域に還元させることもできます。

苦しい財政状況に疲弊している自治体にとっては、トークン経済こそが救いになるでしょう。

トークンがうまく人気を集められるかどうかは、もともとの自治体の知名度や、特産品の魅力、広報力やブランディングによっても左右されます。

一筋縄ではいきませんが、面白い企画や創意工夫は、ＳＮＳなどですぐに広まる世の中です。アイデア次第で、不利な状況を打開する町おこしを実現させることは十分に可能です。

僕も、地域おこしの事業に関わることがありますが、人々の動きは比較的のんびりしています。それでも、中には感性が鋭く、鼻がきく人物はいます。その人物を中心にして町おこしするのが一番です。

どのようなアイデアを日頃から出せる人物なのかを、ブロックチェーンの履歴から読み解くこともできるでしょう。

そして、**ベンチャー企業のＩＣＯになくて、地域の町おこしにある、かけがえのない資産があります。それは「伝統」です。**地域にもともとあるユニークな名物や特色を掘り起こすことができれば、共感とインパクトを両方喚起させることができます。

共感によって無数につくられるトークンとコミュニティ

これから、誰もがトークンを企画し、発行できる時代がやってきます。

何千、何万という、数え切れない種類のトークンが、個人のウォレット端末に入る時代となります。たとえ財布の中身が空っぽでも、野菜トークン、飲料水トークン、衣料品トークン、住宅トークンが十分にあれば、とりあえず生きていかれます。

子育てをしていれば、いろいろと物入りで、学費もかかるでしょう。育児コミュニティでお互いに助け合って、保育トークンや進学トークンなどを必要に応じて交換し合えば、家計負担も軽くなるはずです。

不動産や株式などの資産も、トークンとして権利が管理されるようになるでしょう。不動産登記などという面倒な手続きも、本来は不要です。トークンを売買して、ウォレットの記録を書き換えれば終わりです。

不動産登記を管理する法務局を信用できないわけではありません。しかし、ブロックチェーン上のスマートコントラクト機能で保存された不動産の移転履歴であれば、原理的に改ざん不能なので、記録内容の信頼性がより増します。

使えるシチュエーションで重なる部分も出てくるかもしれませんが、問題ありません。

何千、何万種類というＩＣＯトークンが出回るようになれば、そのトークンがやりとりされる経済圏（コミュニティ）も、たくさん出現するようになります。多種多様なジャンルがありますので、もちろん、ひとりが複数のコミュニティに所属することもできます。

共感と賛成によって、ブロックチェーンの経済圏は形づくられていきます。共感が一般に得られにくいマニアックなテーマのものでも、独自の経済圏が創られる可能性はあります。

世界中で、たった五人とか一〇人しか関心を持たないようなコミュニティでも、その中でトークンの交換が積極的に行われて、助け合いのサイクルが回っていれば、それも立派な経済圏のひとつです。

日本円こそが「仮想」の通貨になる

たくさんのトークンがあると、使える場面が重なるなど、複雑な処理が必要にも思えます。辛子明太子は、もし「食料品トークン」「博多トークン」「贈答品トークン」があったら、どれを使っても買えそうですが、割引率などを気にしていたら、一体どのトークンを使えば得なのかもわかりません。

「もっとシンプルにして欲しい」という声も聞こえてきそうですが、どの場面で、どのトークンを使い分けなければならないかを、ユーザーが気にする必要はありません。**ウォレットの人工知能が自動的に判別し、しかるべきトークンで決済してくれます。**

そして、ウォレット端末はトークン価値の総計を算出し、ビットコイン建てや、日本円などの換算でも資産量を表示するようになるでしょう。

トークンエコノミー全盛の社会になっても、日本円やUSドル、ユーロなど、従来型の通貨も完全に無くなることはありません。

しかし、将来は「概念」だけが残るのではないでしょうか。一万円紙幣や一〇〇円硬貨などは廃止されるとしても、経済的価値を測る単位としてのみ抽象的に存在するのです。むしろ、円やドルこそを「仮想通貨」と呼ぶべき時代になるかもしれません。

今は法定通貨と仮想通貨の時価総額比較は、一〇〇対一ぐらいですが、これが一対一になり、仮想通貨のシェアが上回れば、あえて法定通貨を使う意味が急速に薄れていきます。そのようなフェイズに移行すれば、法定通貨は自然に廃れていき、その「概念」のみが名残《なごり》として細々と存続するのでしょう。

一〇〇年後の人類は、「円」や「ドル」がもともと何を意味する単位なのか知らないかもしれません。

無数のトークンによって「インフレ」は起きないか

インフレは、通貨の流通量が増えて、その価値が下がることによって、物価が上がることを意味します。

それぞれのトークンには発行上限が原則として決まっているので、その発行上限を前提にして、希少性が測定され、トークンの価値が決まっていきます。

僕は、様々な種類のトークンが流通することによって、むしろ「インフレ」「デフレ」という概念がなくなると考えています。

僕が想定しているトークンは、法定通貨とは異なり、あらゆる商品やサービスを買う権利を表しているわけではありません。ＩＣＯプロジェクトによって創られる成果物や関連商品など、ひとつのトークンで買えるものの範囲は限定されているのです。

つまり、トークンは汎用性に乏しいデジタル有価証券といえます。いちおう便宜上、仮想「通貨」と呼ばれてはいますが、経済的な性質としては株式に近いものです。トークンをたくさん創ったとしても、人気がないトークンは廃れて無くなるだけの話です。

使い道が限定された通貨が多種多様なバリエーションで出回るほど、インフレは起こりづらくなります。むしろ、日本円なら日本円という特定の通貨に依存する社会のほうがインフレは起こりやすいのです。

また、多くの場合、**ＩＣＯトークンには発行上限が設けられていますので、その意味でも原理的にインフレは生じません。**

発行上限がないトークンも技術的には作れます。しかし、明らかに発行者しか儲からない条件ですから、社会的には信用されず、購入者はなかなか増えないでしょう。

第四章

ブロックチェーンが記録し尽くす、「全人類の歴史」

「現金信仰」の日本も、ようやくキャッシュレスへ

仮想通貨のデータを保存するデバイスを「ウォレット」と呼びます。要するに、仮想通貨の財布です。携帯電話、スマートフォンのような端末が、ウォレットと一体化することも十分にありえます。

メガネや腕時計の形状のような「ウェアラブル（身につけられる）デバイス」が、ウォレットとして本格的に普及すれば、クレジットカードすら一枚も持たずに、手ぶらで店に入って買い物や飲食を楽しむこともできるようになります。

さらに進めば、チップを脳に埋め込んで、脳波で直接入力できるようになるかもしれません。他人の手に渡ることも不正に操作されることもない、究極の「ウェアラブル」といえるでしょう。

ウェアラブルデバイスであれば、脈拍や運動量などの健康状態まで、自動的にブロックチェーン上で管理できるようになると考えています。この記録が電子カ

ルテにも反映されれば、医師たちは、僻地の患者を対象にした遠隔医療や、専門医との情報共有も、格段に進めやすくなるはずです。

今のお年寄りには、スマートフォンが難しくて使えないといわれてきましたが、デバイスが進化して操作が単純化されると、誰もが仮想通貨ウォレットを使えるようになるはずです。お金なのですから、誰もが使えるようにしなければ意味がありません。

みんなが仮想通貨を使わないのは、今までどおりに紙幣や硬貨で払って買い物できるからです。「レジでの現金払いは認めません」と、法律などで強制すれば、みんなが紙幣や硬貨を放棄するでしょう。とりあえずは全額を銀行口座に入れて、デビットカードやクレジットカードで支払うようになりそうです。

しかし、カード払いはサインや暗証番号などが求められて、やや煩雑です。それよりも、個人を常に生体認証しているウェアラブルデバイスの仮想通貨ウォレットで払ったほうが、ずっと早くて便利なのです。

仮想通貨やブロックチェーンを主軸とする世の中に変われば、必要に迫られて、日本もようやくキャッシュレス決済社会へ移行します。

あなたのちょっとした善意は、世界中で発見される

ブロックチェーン上では、トークンの贈与や受領の記録を通じて、善行や悪行の記録も、個人ひとりひとりに紐付けられるようになります。

僕はいずれ、すべての人間のあらゆるアクティビティを、ブロックチェーンに載せて保存すべきだと考えています。

現在は、GPS、カメラ、レコーダー、各種センサーなど、人の行動を記録できる装置はいくつもあります。技術革新によって今後も種類は増えていき、性能も向上していくことでしょう。

ブロックチェーン上に保存された、全人類の行動や発言の意味をAIが自動的に解析できるようになれば、それは単なるデータではなく、ライフログに相当します。ライフログとはブロックチェーンが、すべての人間の詳細な「日記」を付

け続けるようなものです。**ブロックチェーンは、無名な大衆ひとりひとりの人生まで、歴史としてことごとく記録し尽くして後世に伝えます。**

やがて、困っている誰かを助けた事実が自動的にブロックチェーン上に残るようになり、その善意をコミュニティ内、あるいは世界中で共有できるようになる可能性があります。

もう、「いいことをしても、結局は報われない」「せっかく助けたのに、お礼も言われなかった」と悲しむ必要はありません。ブロックチェーンを中心としたライフログシステムを通じて、あなたの善意は、すぐに多くの人々に見つかってしまうのです。助けた相手にはその善意を無視されても、世界中の人々から賞賛のトークンがたくさん贈られてくるでしょう。

ブロックチェーンの記録は、高度なプライバシーではないのか

今までは、本当に「ふたりだけの秘密」だけに留まっていた善行が、社会全体

から祝福され、トークンという形で具体的に報われるようになるのです。お金さえあれば幸せになれるとは限りませんが、お金さえあれば解決できる問題、避けられる不幸はたくさんあります。

ブロックチェーンの創る新資本主義社会において、善行を積んでいる人は、手元に現金がなくても、トークンによって不自由のない生活を送る資格が与えられるようになるのです。

ブロックチェーンによって、価値の移動と価値の可視化が容易になるのがメリットです。価値の可視化なので、ウォレットの残高が公開されることになる。ただ「善意の残高」なので、それほど抵抗がない人もいるはずです。

共感を得られることが今よりも重視される社会になれば、武力による争いは鳴りを潜めて、諜報機関の勢力が大きくなっていくでしょう。ブロックチェーン上に載っている情報が間違いないとわかれば、嘘は付きづらくなるので、世の中の真実が反映された形で記録されているものと見なされるようになります。

その真実の中には、世の中で公表され、大衆にシェアされてもまったく問題ない、むしろ喜ばしいものもあるでしょう。一方で、ひた隠しにしておかなければ世界が壊滅するような最高機密もありえます。

とはいえ、国家のプライベート・ブロックチェーンによって国家機密が管理されれば、機密が外へ漏れることもまずありません。

ブロックチェーンは、就活や投資も変えていく

もしも、ブロックチェーンがその人の生きてきた履歴を自動的に保存し、不正な改ざんもできないものだとしたら、今まで当たり前だとされてきた社会のしくみも大きく変革されます。

現在では、Facebook（フェイスブック）やTwitter（ツイッター）、Instagram

（インスタグラム）などのSNSが、投稿内容と個人を紐付ける役割を果たしています。

企業の人材採用活動では、職務経歴書や履歴書、面接での受け答えに加えて、このようなSNSでの投稿傾向から、個人の思想信条や適性、コミュニケーション能力などが判定される場合があります。**提出された書類だけではわからない、多角的な情報を収集することができます。**

ただし、特定のSNS企業が管理し、公表している個人情報なので、その企業自体が「不正な改ざんや消去などをしていない」と信頼できることが前提で、取り扱いを行わなければなりません。

まして、コネ入社であれば、「誰からの紹介なのか」という一点だけで、人材を見る目が変わってしまいます。「弊社の重役のご子息だから信頼できる」「ハローワークからの紹介だからわからない」という判断になるのです。とても主観的で、いいかげんな基準であり、公正さからもかけ離れています。

ブロックチェーンを基にしたコミュニティで共有されている情報ならば、改ざんのおそれがありません。そのために、特定の人物が行ってきた過去の発言や活動内容を辿っていくにあたっては、安心して利用できる資料となります。履歴書も不要になるでしょう。

これからの投資活動も、「儲けを出せるかどうか」より、「どのトークンがより人類に共感されるか」という評価が重視されてくるはずです。

今までも、株式会社への投資基準として、利潤追求だけでなく、CSR（企業の社会的責任）における社会貢献の内容が問われることがありました。これからはCSR以上に、「どうやって人々の共感を得ていくか」の方針が、より強く求められていくのでしょう。

たとえ、兵器を大量生産して軍隊に提供し、戦争に加担している株式会社であっても、利益をあげるのなら、投資対象になっています。それが今までの資本主義社会です。

しかし、ブロックチェーン経済圏において、もし、軍需産業が世間の共感や支持を得られなくなれば、投資対象からも外れていくのでしょう。そうなると、その軍需産業も兵器の生産を放棄せざるをえなくなります。

選挙での有権者の悩みが溶け去っていく

ブロックチェーンによって、**政治のあり方や、選挙での投票行動も大きく変わっていくでしょう。**

まず、「候補者がどんな人物なのかわからない」という有権者の悩みが解消します。候補者がそれまで、どのような善行を積んでいたのかが、ブロックチェーン上ですべて記録されているからです。

ブロックチェーンで、ひとりにつき一アカウントを紐付けて、過去の行動や発言を辿れるようにすれば、候補者の発言に整合性や一貫性があるのかどうか、矛盾したことを言っていないか、公約はどれだけ守られているか、すべて可視化されるのです。

表向きには綺麗なことばかり言っている人間が、裏で悪いことをしているという「偽善」も、ブロックチェーンであぶり出される可能性があります。

「有名人だから」「地盤を引き継いだ二世候補だから」という安直な理由で票が集まることは、大幅に減っていきます。言葉と行動で人々を説得し、巻き込めるような、人間的に魅力のある人物の動きを、有権者は気にするようになります。**ブロックチェーン上で評価の高い人の意見が、徐々に多数派を形成するようになる**でしょう。

そもそも、普段から何も政治的な活動をやっていない人間が、選挙期間中だけ候補者としてポッと現れるのは、おかしな話です。その候補者の、日頃の行動履歴も含めて投票判断に活かせるといいと思います。

非中央集権のブロックチェーンを応用させれば、選挙管理委員会がなくても、選挙の不正を防ぐことができます。有権者は投票所に行く必要すらありません。票の改ざんが不可能なインターネット選挙を実現できるからです。

選挙での投票は、誰もが利用できるパブリックブロックチェーン上で行い、当選した後には、政治家専用のプライベートブロックチェーンで常に不正がないよう監視します。議事録は、議場での音声や動画も含めて、自動的にブロックチェーンで記録され、有権者にも共有されるようになるでしょう。

人工知能と組み合わせれば、それぞれの政治家の意見やスタンスを議題ごとに自動的に振り分け、わかりやすく整理することもできます。ようやく、国民ひとりひとりが、真の意味で主権者となる世の中がやってきます。

国政選挙（衆院選や参院選）を一度行うと、約六〇〇億円の費用がかかるといわれています。法案を作って審議して、可決、成立させるまでに、平気で何年もかけています。

政治や選挙には、時間やお金がかかるものだと、われわれ有権者は思い込まされています。しかし、**膨大なコストを掛けなければ、この社会を維持できないという政治家の妄想や怠慢が、ブロックチェーンで完全に払拭されるのです。**

もはや、政治によってトップダウンで人々の暮らしが管理されなければならない世の中ではないし、法律ひとつ作るのに、何年もかけることが許容される時代でもありません。**ブロックチェーンの出現によって、政治はもっと合理化されていくのです。**

みんなで「善」を決定する、真の民主主義社会

ブロックチェーンが創出する「善意の市場原理」によって、**「善を積む人にお金が行きわたり、善が足りない人は受け取れるお金も少ない」**社会が実現していきます。

では、何をもって「善」とするのでしょう。何が善意なのかは、コミュニティのメンバーみんなで最終的に決めることになります。道徳や常識が時代によって変化するように、善意も変化するはずです。善意を行動に示したり、その行動から善意を感じ取ったりするのは人間なのですから、その時代に生きる人間が「善意とは何か」を決定します。

「この有難い教典を読め」という一方的な押しつけではありません。クリスチャンもムスリムも仏教徒も関係なく、みんなで「善意」を定義するのです。

本人が「いいこと」のつもりでしていたことでも、コミュニティのみんなの共感を得られなければなりません。

一方で、同じぐらい「いいこと」でも、世間に知られているかどうかで、評価が変わってくることもあるでしょう。

宣伝力が旺盛な人や、アピールが上手い人、あるいはインパクトのある事例に好評価が集まる傾向はあるかもしれません。しかし、世間に噂として広まらない善行は、善行とはいえないと僕は考えています。

指標が今だと、フェイスブックの「いいね」数と、ツイッターのリツイート数しかありません。それがトークンの贈与・寄付に変わっていく。

もちろん、街の空き缶を拾うとか、屋根の雪下ろしをするとか、それも大切ですし、それは現場を見ている人がお礼のトークンをあげればいいのです。

ただ、ゴミ拾いをしたり、雪下ろしをするよりは、人の命を救ったり、助けたりすることのほうが、より大きな善行ですし、多くのトークンが集まる結果となります。

ここから「真の民主主義」が始まります。ブロックチェーンであれば、不正操作を排除したインターネット選挙を実現できるため、世界中から投票を集めて、多数意見を集計することも簡単です。

もちろん、多数派が間違うこともあります。しかし、それは社会的な連帯責任です。戦争するかしないかで、多数派が戦争を選んだ結果、人類が滅亡したとしても、それはそれで受け入れるべき結果なのでしょう。成人しか選挙権を持てないのは、義務や責任を伴うからです。

ある議題で、五一対四九により多数決で「五一」の意見が採用されたならば、「四九」は問答無用で切り捨てていいのかという議論があります。

この場合は、コミュニティ上で積極的に意見を交わせばいいのです。みんなのためになる意見を出すこともコミュニティへの貢献なので、善行の一種です。議論のプロセスもブロックチェーン上に残ります。

むしろ、最初は少数派であっても、議論を重ねることによって、少数派の一部が説得されて、勢力が逆転することも期待できます。

グローバリズムが仮に世界での多数派だとしても、グローバリズムが常に正しいわけではありません。立派に独自のコミュニティを構築している少数民族もたくさんあります。その価値観や生活様式などが間違っていると、外野から指摘するのは余計なお世話なのです。

善意の市場原理にも様々な問題はあるでしょうが、少なくとも今の社会システムよりは「まとも」だといえます。

人類は常に、「まとも」な世界を創ろうとして絶え間なく努力してきました。ようやく、相当に「まとも」な領域へと到達しようとしています。

ブロックチェーンは、悪事と善行を記録し続ける

ニュースでは、公文書の「書き換え」と称する、公務員による文書改ざんの事

件が、たびたび報じられています。

改ざんされてはならない公文書は、すべてブロックチェーンで管理すればいいのです。贈収賄も、現金が通用するから起きるのです。仮想通貨しか使えない世界にしてしまえば、権力者に向けられた賄賂のように見えるお金の流れは、全て追跡されます。

ごまかしが効かないブロックチェーン社会において、賄賂は存在しません。政治家は真の意味で「全体の奉仕者」となります。

ブロックチェーンが本格的に普及すると、様々な悪事が明るみに出て、世界中で逮捕される者が続出するに違いありません。しかし、**そうして悪だくみが淘汰されて、新たな時代が始まります。旧社会の腐敗した権力者が一掃されて、ブロックチェーン革命が起きるのです。**

一方で、過去の悪事がいつまでもブロックチェーン上に掲載され続けると、前科がある者はいつまで経っても、どのコミュニティにも所属できないことになり、生きていかれません。追い詰められ、世の中を恨んで、さらなる犯罪を誘発するかもしれません。

現在、インターネットのおかげで、特定の人物の逮捕歴や前科まで全て可視化されるようになってしまいました。確かに、まったく反省していなかったり、病的に犯罪を犯す前科者の情報は、共有されていたほうが社会の安全性が保たれるかもしれません。

しかし、すべての前科者を十把ひとからげにした、安易な偏見と排除の論理もまかり通っています。「臭いものにフタ」と言わんばかりに、前科者をただ社会から排除するだけでは、かえって社会の安全性は脅かされていくのです。

これからは、前科者の更生や善行のプロセスも、すべてブロックチェーン上に記録し、公表されなければなりません。被害者への弁償を続けていて、「真面目に生活している」「コミュニティを献身的にサポートしている」などの行いもオンライン上で可視化されれば、人々の見る目が変わっていきます。

むしろ、今までよりも社会復帰が早まるとも考えられます。

最終章

世界に向けて広めていきたい！日本発信トークンエコノミーのシステムと精神

「テロリストのトークン」は、成立するか

ブロックチェーンが創り出す新しい資本主義社会では、感動や善意が経済的な価値を伴うトークンとして流通します。

しかし、すでに説明させてもらいましたように、善意とは多元的なものです。もちろん、ほぼ世界中の人々が共有できる善意もあるでしょうが、時代や国、文化や地域、集団ごとに、何をもって善意と呼べるのか、少しずつニュアンスが違ってきます。

日本では「他人に迷惑をかけない」ことが美徳とされがちですが、インドなどでは「他人と迷惑をかけ合わなければ生きられない」ことを、まず子どもたちに教えるそうです。ですから、ひとまずは「コミュニティの多数決」で善意を定義して決めれば、みんなが納得できるのではないかと考えています。

たとえば、テロリストのコミュニティにおいても、善意のトークンは流通する

はずなのです。善意のトークンが流通することによって、不正や犯罪が割に合わなくなると書きました。テロリストは局地戦や暗殺を目的にした集団なのかもしれませんが、彼ら自身は「ジハード（聖戦）」と捉えているのでしょう。

彼らにも、助け合う仲間がいますので、コミュニティの中で、お礼のトークンが流通する基盤はあります。むしろ「共通の敵」がいるからこそ、結束できる側面もあります。

イソップ寓話の「北風と太陽」ではありませんが、誰かの価値を強引に否定するから、反発が起きるのです。相手の文化や価値観を肯定しつつ、「もっといい、別の選択肢があるよ」と示したほうが、その説得に乗りやすくなると思います。

テロリストが世界の少数派だから許されず、グローバリズムに基づく政治が多数派だから正当化されるわけでもありません。グローバリズムの背景には、軍事力などの剥き出しの強制力が控えているものです。

だからといって、特定の価値観を一方的に塗り替えていいはずがありませんし、相手は従うはずもないのです。信じている神が違うのですから。

もしかしたら、テロリストのコミュニティが、ブロックチェーンのシステムを使って、とても便利でユニークなトークンを作るかもしれません。ひょっとすると、そのブロックチェーンほしさに、アメリカ政府がテロリストに対し、歩み寄りの姿勢を見せるかもしれませんね。

こんなことを書いても、今は夢物語に聞こえるかもしれません。しかし、よそから見て羨ましいと思えるコミュニティや社会システムが形成されれば、軍事力以外の手段で、世界が融和する可能性すら見えてきます。

これほどフェアな停戦協定はありません。

キーワードは「共感」と「リスペクト」

今まで、ボランティア活動をしている人は、学生でもない限り「暇人」か「変人」と見なされがちでした。学生のボランティア活動なら、就職面接でアピールすれば有利になる可能性がありますが、社会人が休日に地域社会への貢献をしていれば、えてして「出しゃばり」か「ええかっこしい」などの偏見を持たれやすいのも現実です。「そんな時間があったら、家族サービスでもすればいいのに」と、軽く見られてしまいます。

しかし、コミュニティのために尽くし、貢献しようと励んでいる人に対して、どうしてそういう視線が送られてしまうのでしょうか。

善意とお礼が盛んに交換されて、ブロックチェーンに基づくトークン経済が円滑に回っていくコミュニティには、メンバーの特徴があるのではないかと、仮説を立てています。

トークンのお礼が渡されやすい善意には、「共感」と「リスペクト」の両方が揃っていることが必要なのかもしれません。

ただ共感が欲しいだけなら、ＳＮＳに料理かペットの写真を投稿していれば十分です。外食している時に、皿やテーブルを真上から撮影すれば、素敵に写ります。

しかし、そこで得られる共感は、相手の言葉に対して、とにかく何でもうなずくこと自体が社交になっている井戸端会議のようなものです。トークンを贈りたくなるほどの発展性が感じられないのは、そこにリスペクトの要素が欠落しているからかもしれません。

共感とリスペクトを同時に呼び起こす行動こそが、すなわち「貢献」であり、「人助け」であると、僕は認識しています。

誰もが誰かを支えたいと思っていますが、何の見返りも求めずに助けることは、ボランティア活動の熱狂的なファンでもない限り、どうしても抵抗感が生じてしまいます。

だからこそ、見返りを求めない援助行為に対して、人々は自然な形で共感と敬意をおぼえるのでしょう。

ブロックチェーン時代の教育

僕は、恥ずかしながら中学中退、高校に至ってはわずか三日で、学生生活に見切りを付け、日本の学校教育から距離を置いてきました。教師のレベルに絶望したのもありますが、そのような軌跡を辿ってきたからこそ、見えてくるものがあると考えています。

少なくとも、今まで行われてきた日本での教育は、「立派な労働者を育てる」ために行われてきたように感じているのです。

しかし、ブロックチェーンが生み出す新資本主義社会では、「生きるために労働をしなければならない」ということ自体がなくなっていくのです。

そうであれば、学校教育のあり方も今まで通りで通用するはずがなく、どうあるべきかを根本から問われるようになります。

AIなどの機械学習が発達するにつれて、記憶力や事務処理能力などの価値は、

これからますます下がっていくでしょう。代わりに価値が上がっていくのは、創造力やコミュニケーション能力など、自分の思いを外に表現する力になっていくはずです。

もし、社会人として生きていくための力を身につけていくのが学校教育なのだとしたら、ブロックチェーン経済が当たり前に普及していて、善意や人徳で生きていける世の中では、何を教えるべきなのでしょう。

どのようにして自分の行動や計画をうまくアピールし、**「共感」と「リスペクト」**を得ればいいのかが、義務教育で重点的に教えこまれることになるかもしれません。それを教えるのが最も合理的だからです。

国語でも、どういう言葉遣いをすれば人は感動するのか、どのような頼み方をすると人々は共感して動いてくれるのか、その前にどのような準備を積み重ねておかなければならないのかを、重点的に教育されるようになるはずです。

おそらく、OKWAVEのQ&Aコミュニティの中でも、ある程度はユーザーを啓蒙していく必要もあります。人々がどういうことに困っていて、どういうことに関心があるのか、生々しい訴えを知ることができます。

どのような質問をすればみんなに注目してもらえるのか、どのような回答をすればトークンの謝礼を受け取ることができるのか、といった、とても実践的な言語能力を身につけることになるでしょう。

ブロックチェーンの普及により見直される「慈愛」や「赦し」の概念

善行も悪事も、人々が歩んできたあらゆる履歴がブロックチェーンに載るようになると、嘘をついたら、すぐにバレる社会になっていくのかもしれません。ブロックチェーンは、誰も不正に改ざんできないデータです。

そこに書き込まれた記録が人々の過去の言動と紐付けられれば、必然的にブロックチェーンの記録のほうが信頼されるようになります。

人が語った自分の過去を、ブロックチェーンと照らし合わせて、もし食いちがいが生じていたのなら、その人は嘘をついていると見なされるようになるでしょう。

「嘘も方便」というように、身近な誰かを守るために事実と違うことを話すこともあるでしょう。芥川龍之介が「あらゆる社交はおのずから虚偽を必要とするものである」と述べたように、あえて嘘をついたほうが物事がスムーズに進むこともありえます。

しかし、嘘をついたら、ことごとくバレてしまう社会において、その嘘をついた動機までコミュニティ内で信用してもらえるとは限りません。

過去の悪事も隠し通すことはできません。すでに書きましたように、悪事は悪事として永久にブロックチェーン上に保存されますが、その後の反省や補償、贖罪として積み重ねてきた善行も合わせて、その人を評価しなければなりません。

しかし、過去の悪事が善行によってリカバリーできたかどうかは、他のコミュニティメンバーそれぞれの物の見方によって判断は異なるでしょう。

ひょっとすると、「他の人が犯したもっと重大な悪事が大目に見られているのに、自分はなかなか許してもらえない」という事態が生じることも考えられます。評価をコミュニティ内の多数決で決めるのであれば、そのような不公平が生じることも十分にありえます。

僕は、正直者が損をせずに生きていける社会を創りたいと思い、善意のトークンで回っていくブロックチェーン経済圏を実現させるプラットフォームを構築しようとしています。

一切の嘘がつけなくなったために、コミュニティがギクシャクした雰囲気になるのは、本位ではありません。

「忘れられる権利」という議論もあります。Googleなどの検索エンジンに、ある特定の人の犯罪履歴が永遠に残っているのは、社会復帰や更生の妨げになるため、一定の条件の下に削除することを認めるべきかという法的論点です。

将来の「忘れられる権利」は、ある人に関する犯歴などの過去を、未来永劫にわたってブロックチェーン上に残すべきか、という問題となります。

僕は、殺人だとか、強姦などの性犯罪であれば、その履歴を削除してはならないと考えています。

被害者に対して取り返しの付かない傷を残す重大な犯罪ですので、社会を保護することを優先して、そうした犯歴を削除するわけにはいきません。

しかし、一時の気の迷いによって犯した万引きで、盗んだ物はすべて店側に戻されているような場合、その犯歴を、永久にブロックチェーン上に残すことが、果たして社会にとって意義のあることなのだろうかと考えます。

このまま、ブロックチェーンの応用を技術先行で推し進めた場合、かえって窮屈な社会になってしまうかもしれません。いくらブロックチェーンが凄い技術だからといって、それをもとに、人々が望まないシステムを創っても意味がありません。

もちろん、最初から完璧な仕組みを創れるとは思っていませんので、実際にやってみて、不都合が生じたらそのつど修正を繰り返していく必要があります。まず、大方針を決定して、とにかく具体的な行動を起こしていくのが実業家です。ケチを付けるだけの評論家ではありません。

行動と結果によって、僕たちの構想が人類を進歩させていくことを証明していく必要があります。それでも、事前に予測できる不都合は、やる前にできるだけ取り除いておかなければなりません。

そもそも、人間は弱くてズルい生き物なのです。ブロックチェーンによって、ついた嘘はバレますし、正直者が今よりも報われる世の中になっていきます。ただ、正しさしか受け入れられない視野の狭い雰囲気が、コミュニティ内に充満していては、かえって居心地の悪さを感じる人もいるでしょう。

人は成長するのです。中には成長しない人もいますが、歳月が経過することで、見違えるように変わる人もいます。

ブロックチェーンで嘘や隠し事はバレるけれども「嘘を付きたくなる時もあるよね」「人間、そういうものだね」という、いい意味での諦めがコミュニティの共通認識となっている社会にしていかなければなりません。

そういったブロックチェーン社会に対応するための、道徳教育も必要になってくるでしょう。

「人はそもそも嘘をつくものである」ということを前提にして、諦観のもとに過去の悪事が許容されることが、これからの社会には求められます。

つまり、ブロックチェーンや善意のトークンが普及するとともに、「慈愛」や「赦し」の概念が再び見直されるようになるでしょう。愛とは、他者を赦し、赦しを受けることです。**ブロックチェーンの普及によって、すべての人々が赦しの気持ちを持たなければ、いよいよ社会は成り立たなくなります。**

その高い壁を乗り越えた時、人類はさらに進化していけるのです。

「赦し」が必要となるブロックチェーン経済圏では、宗教の必要性が高まっていくはずです。最先端技術を徹底的に追求した社会づくりを推し進めていくと、かえって人間の「心」の問題が浮き彫りになってくるのです。

自分が自らを裁く「自律社会」こそ次世代における人類のあり方

新資本主義社会では、ブロックチェーンが、すべての嘘や隠し事をあぶり出すことになります。ただ、そのことを人々は赦さなければならないのです。もちろん、人を赦すことは、一筋縄ではいきません。

人を赦すのは、他の人々の総意に繋がったブロックチェーンです。過去の悪事や嘘などともに、善行や貢献なども記録されています。これらを合わせて考慮した上で「赦す」べきなのかどうかを、コミュニティメンバーの直接投票で決めることになるでしょう。

あるいはスマートコントラクトで自動的に決める社会になるかもしれません。そうなれば、ブロックチェーンはコミュニティ内で最大限に尊重されるべき、神聖な存在となっていくでしょう。

「悪いことをしないように監視する」というやり方は、欧米的で、人が人を支配する治安維持の方法かもしれません。ただ、そうした強権的なコントロールでは、生じた問題をそのつど潰していく、付け焼き刃のような対処にしかなりません。長い目で見て、「悪」を根治するためには、むしろ「善意」「感謝」「グッドウィル」に目を向けて、あらゆる世界の善行をことごとく記録し尽くすブロックチェーンをつくるべきなのです。

基本的に「長所は伸ばして、短所は無視」というのが、僕のスタンスです。新しい資本主義社会も、**人の短所には目をつむり、長所を出し合って協力していきながら動いていくようになってほしいのです。人それぞれの長所を活かすための媒介となるのが善意のトークンです。**

最低限やってはいけないのは、ブロックチェーンに載せる前に情報を操作することです。ただ、そんな不正をした途端、そのトークンのコミュニティ価値は暴落します。そのようなコミュニティは、世間から無視され、衰えていくことでしょう。**だからこそ、人が人を裁くのではなく、「自分が自らを裁く」のです。**

これを「自律」といいます。自律社会こそ、次世代における人類のあり方です。

宗教とブロックチェーン

僕が理想としているのが、「政治」「思想」「信条」「文化」「宗教」、これらすべてを包摂し、トークンによって具体的に価値化させていくブロックチェーンです。規律が厳格な宗教は、ブロックチェーンと相性がいいかもしれません。たとえば、イスラム教です。ムスリムの間では、戒律がブロックチェーン化されることもありえます。

ブロックチェーンによって、人の行動履歴がすべて記録されるのですから、一日に五回、メッカの方角へ祈る行動も記録されます。ラマダン（断食）の時期には、食事を全く摂っていない事実が確かであると、やはり履歴が保存されるのです。

ムスリムが戒律を遵守していることがブロックチェーンで保証されるので、戒律を厳格に守っている人はコミュニティ内で尊重され、発言力も強くなっていくと考えられます。

戒律によって、口に入れることが禁じられている食材が一切含まれていないことを証明する「ハラル認証」の食料品があります。たとえば、豚は禁忌ですので、豚肉だけでなく、ポークエキスの類いも混入されてはいけません。また、製造過程でアルコールが必要となる食料品であっても、アルコール分を完全に飛ばしてから出荷しなければならないのです。

こうしたハラル認証も、前述した「食の安全トレーサビリティ」のブロックチェーンを応用して、豚肉やアルコールなどが一切含まれていないことを厳格に証明することができるようになります。

ムスリムに限らず、世界各地で、それぞれのコミュニティでの価値観を尊重し、支援できるブロックチェーンプラットフォームを提供していきたいと考えています。たとえば、アフリカで、現地の通貨よりも信頼されるトークンを発行し、流通させていきたいとも思っています。

日本人こそ、ブロックチェーン経済圏を自然に受け入れられる

世界の三大宗教といわれるイスラム教・キリスト教・仏教は、いずれも「自己否定の宗教」といえます。「人は生まれながらにして、原罪を背負っている」といった趣旨のことを、それぞれの宗教ごとの表現で信者に伝えているからです。それぞれの宗教において信仰されている神に対して、罪を償うために、信者は労働を課されているのです。そして、神が提示した律法によって、行いの善悪が決せられます。

一方で、日本は「神道」をベースにした多神教国家です。自然界や暮らしの中で、「八百万《やおよろず》」と表現される多種多様な神が併存する世界観を信じています。神道は、人々に原罪などを背負わされないため、むしろ「自己肯定」の宗教といえるでしょう。

ならば、ブロックチェーンがもたらす新資本主義のコミュニティ内において、

他者の嘘や悪事を赦したり、善意に対してトークンの贈り物をしたりすることは、日本人であれば自然と受け入れられ、自然と実行できるのではないでしょうか。

お中元、お歳暮、お土産、お年玉、年賀状、挨拶状など、日本人は事あるごとに贈り物をします。そして、引っ越した先ではお隣に挨拶に行き、そばやタオルなどを置いてくる習慣があります。

外国人が贈り物をしないわけではありませんが、ここまで自然に「人のために何かをする」という行為が染みついている民族も、なかなかありません。

こうした民族性が、悪い方向に出ると、「上官のために死ね」といった理不尽な命令に対して、場の空気に逆らえずに従ってしまうようになるかもしれません。しかし、日本人や日本文化が伝統的に持つ長所は、新資本主義の中でも大いに活かされるべきですし、日本発信でトークンエコノミーのシステムと精神を、世界に向けて広めていきたいのです。

他人の立場に敏感に配慮しながら行動を制御できる感性を、トークンで価値化する、新しい仮想通貨のガイドラインを構築していきたいのです。

おわりに

ブロックチェーンとはなにか、という質問を受けた時、最近僕は、こう答えるようにしています。「ブロックチェーンとは神である」、と。

人類は長らく自己否定の宗教に慣れ、生まれながらにして罪を背負い、その贖罪として労働の義務がある、という考えを刷り込まれてきました。

こうしたプロテスタンティズムの倫理と資本主義の精神に基づき、我々は日夜工夫と発見を繰り返しながら、人類史上革命的ともいわれる発明をいくつか生み出しました。

その代表例が、グーテンベルクの印刷技術であり、また、現代の簿記原理の中核をなす複式簿記であるといえます。

革命的な技術といわれたグーテンベルクの印刷技術は、〝聖書〟という代表的なユースケースのもと、支配者の論理や規律をより広範に知らしめるための伝達手段として使われました。

ドイツの文豪ゲーテは、その著『ヴィルヘルム・マイスターの修業時代』の中で、人類歴史上大きな発明の一つである複式簿記を、このように表現しています。『複式簿記が商人に与えてくれる利益は計り知れないほどだ。人間の精神が生んだ最高の発明の一つだね』

ゲーテが高く評価した複式簿記の原理もまた、如何にして人の取引を管理するか、どのようにして不正や不整合をなくすかといった、秩序愛の追求により偶発的に生まれた産物と理解できます。それとて、〝管理するための管理〟という奴隷管理思考の範疇に収まる革命でした。

後に人類はインターネット革命と出会い、世界の情報が一つのプロトコル（約束事）でつながる社会と邂逅します。

二一世紀はじめ、情報が世界の隅々に行き渡り、皆が平等で公平な情報を享受できることは、世界の平和につながると期待されました。

しかし結局、蓋を空けてみると、かたや圧倒的なビッグデータを有する、国家権力と比肩するモンスターカンパニーが全てを牛耳り、かたやその中央集権的な排他主義に反駁する形で、イスラム過激派との衝突、アラブの春、テロの勃興といった血生臭い有事を世界で引き起こしました。

自由と和平の象徴となるはずであったインターネットですら、消費行動管理、洗脳、圧政からのテロリズムという、人間の負の側面を浮き彫りにするユースケースが目に付きました。

さて、ブロックチェーンと邂逅した我々人類は、これから先、如何なる未来を紡ぐのでしょうか。

過去の革命的技術のように、性悪説に回帰するのか。はたまた、性善説に立ち、未曾有のアセンションした社会との出会いをもたらしてくれるのか。

本書の著者である僕の立場としては、性善説に立ち、ブロックチェーンが素晴らしい社会を担うと確信している、と締めて筆を置きたいところですが、ここはあえてニュートラルな立場で未来に思いをめぐらせてみたいと思います。

ブロックチェーンがワークするには、原則五一％の賛成が必要です。よって、ブロックチェーンという、非中央集権的で、自由で公平な社会を人類が選択するかしないかで、ブロックチェーンのユースケースは大きく代わります。

承認プロセスが不明瞭なプルーフオブコンセンサス（合意による承認）が主流となり、ブロックチェーン〝的〟な支配社会となるのか。あるいは、真にフェアな承認プロセスを元に、人類が歴史上初めて民主的な、真のブロックチェーン社会を創り出せるのか。その重要な分岐点に、我々は立っているのだと思います。

これは、何が正しくて何が間違っているという勧善懲悪論ではなく、何に賛成し何に反対するのか、という、共感と尊敬の話であると思います。性善説に賛成すれば人類の未来はそうなるでしょうし、性悪説に賛成すれば、長らく続く支配社会が別の形で継続されることになるでしょう。

「ブロックチェーンは神である」と冒頭で書きました。人類の賛成という選択が、ブロックチェーンの半永久的記録保持機能に刻み込まれた時、「神」は容赦なく人類の未来を定めます。

それは性善説にパラダイムシフトを起こすかもしれませんし、性悪説に回帰するのかもしれません。我々は「神」の下した結論を、甘んじて受け入れるほかありません。

一つ言える重要な事実は、我々人類が、コンピュータのハードウェアと繋がっている限り、七〇億人が平等に投票権を持っているということです。世界史上初めて、全員がフェアにチェックし合う、不正の起こりえない投票権を元に、何に賛成するかが問われています。

願わくばそれが、人類の未来にとって、愛に包まれ、平和的で、友好的なものとなることを心から「神」に祈り、筆を置きたいと思います。

本書を最後までお読みいただきまして誠にありがとうございます。

松田　元

蝉しぐれに包まれた毛利庭園にて

二〇一八年七月三〇日

いい人がお金に困らない
仮想通貨 新時代のルール

著　者　　松田　元
発行者　　真船美保子
発行所　　KK ロングセラーズ
　　　　　東京都新宿区高田馬場 2-1-2　〒 169-0075
　　　　　電話（03）3204-5161（代）　振替 00120-7-145737
　　　　　http://www.kklong.co.jp

印　刷　　大日本印刷（株）
製　本　　（株）難波製本
落丁・乱丁はお取り替えいたします。※定価と発行日はカバーに表示してあります。
ISBN978-4-8454-2423-8　Printed In Japan 2018